偉人たちの決断

加来耕三
Kozo Kaku

新たなる道を切り拓いた
有名・無名28人のものがたり

戎光祥出版

はじめに

武士道の起源

ＢＳ11『偉人・素顔の履歴書』（毎週土曜日夜八時）に出演し、歴史に名を残した〝偉人〟の生涯をたどる作業を監修していて、いつも思うことは、彼らに感動する私たちの気持ちの中に、日本人独特の感性、ＤＮＡといったものがあるのだろうか、ということであった。

そういえば、明治三十二年（一八九九）、新渡戸稲造《にとべいなぞう》が『武士道』を英文で著作し、発表して以来、その絶大な国際的反響もあってか、日本人の多くは自国の伝統的思潮、共通の国民的心情を「武士道」と称するようになった。

けれども、この「武士道」という単語は、日本の近世以前にはまったく用いられていない。筆者《わたし》の浅学な知識では、近世初頭の安土・桃山時代に材をとった『武功雑記《ぶこうざっき》』が、用例の初出ではあるまいか。

関白・豊臣秀次《ひでつぐ》が、太閤《たいこう》となった叔父の秀吉によって自害させられたおり、秀吉から「別而シタシキ事《べつしてしたしきこと》」を疑われた大名の伊達政宗《だてまさむね》が、詰問に差し向けられた施薬院全宗《せやくいんぜんそう》（安土・桃山時代の医師　元々は比叡山《ひえいざん》の僧だったが、還俗《げんぞく》して医術を学び、秀吉に仕えた）を「ハタトニラミ」、次のようにいった言葉《セリフ》があった（傍点は筆者、以下同じ）。

其方《そのほう》ハ病人ノ事コソ功者《こうしゃ》ニテアラン、武士道ノ事ハ知ルマシ、アリノ儘《まま》ニ申上《もうしあげ》ヨト――

徳川家康によって開かれた、江戸の幕藩体制が整って以降、「武士道」の語は頻煩《ひんぱん》（しばしば）に用いられるようになるが、歴史学上では今日まで加えても、たかだか四百年程度の歴史しかもっていなかった。

つまり、茶道や華道、香道の歴史と五十歩百歩であったわけだ。

もちろん、別な呼称はそれ以前にも存在した。

――「武士《もののふ》の道」。

これは『今川記《いまがわき》』（今川氏歴代の事跡を記した戦記・成立は天文《てんぶん》〈てんもん、とも〉二十二年〈一五五三〉とも）にも出ているし、『風雅《ふうが》和歌集』巻第十七の雑歌にある源致雄《みなもとのむねお》の和歌にもあった。

命《いのち》をばかろきになして武士《もののふ》の　道よりおもき道あらめやは

こちらは十四世紀半ばには、なるほど使用されていた。

「兵《つわもの》の道」というのもあった。『今昔物語集』や『宇治拾遺《うじしゅうい》物語』などに出てくる。

日本人は我命《わがいのち》死なんをも露《つゆ》おしまず、大《おおき》なる矢にていればその庭にいころしつ（射殺してしまう）。なほ兵の道は日本の人にはあたるべくもあらず（とてもかなわない）。

（『宇治拾遺物語』巻十二）

こちらは平安時代末期から、鎌倉時代初期にかけてもっぱら使われているが、意味は武芸武技のことであり、集団としての合戦用兵について語られたもので、思想・道徳を著《あらわ》したものではそもそもなかった。

精神面を受け持つ言葉を探せば、「弓矢の道」がこれにあてはまるかと思われる。

乱を見て捨《す》つるは弓矢の道ならず。

（『鎌倉大草紙《かまくらおおぞうし》』上巻）

開けて入れ奉れば、宣旨《せんじ》を背くに似たり。又拒《ふせ》ぎ奉らんとすれば、年来いわう山王に首を傾けて候ふ身が、今日より後《のち》、永く弓矢の道に別れ候ひなんず。（『平家物語』巻二）

似たようなものに、「弓箭《きゅうせん》の道」、「武の道」、「武道」などがあった。

これらはいずれも、「武士道」の萌芽《ほうが》ともいうべき単語で、鎌倉幕府が天下の覇権を握り、生きていくうえでの精神的規範として、掲げたものであった。

しかしその内実は、御家人が鎌倉幕府から受けた恩給（所領《しょりょう》・所職《しょしき》・官職への補任《ぶにん》）に対する返報として、軍事奉仕に封建的義務を果たした、ということに尽きた。

同様のことは、新渡戸の『武士道』にも解説されている。

いずれにしても、「武士道」が日本国開闢《かいびゃく》以来、存在した日本人の心＝倫理の体系ではないことは、明らかであろう。

もう少し客観的にいえば、武士道は天皇及び国家に対する忠君愛国の美徳でもなかったのである。そのことは、そもそもの鎌倉武士が、朝廷に対してどのような態度をとっていたか、『吾妻鏡《あずまかがみ》』に出てくる大庭《おおば》平太《へいた》景義《かげよし》の、〝鎌倉殿〟源頼朝《よりとも》による奥州征伐のおりの、彼の言を聞けば明確であったに違いない。

「軍中、将軍之《の》命を聞く、天子之詔《みことのり》を聞かず」

武辺道、武者道などとも呼ばれた「武士道」の概念は、戦国末期に成立したのである。この間の歴史的考察は、筆者の恩師・勝部《かつべ》眞長《みたけ》（故人・お茶の水女子大学名誉教授）の師である、和辻哲郎の論文「武士道」（岩波講座『倫理学』所収）を一読いただければと思う。

では、武士道以前から、日本人の心の中に脈々と伝えられてきた日本人独特の感性、DNAはいったい何であったのか。

平安女流歌人が唱えた「大和心」

興味深いのは、新渡戸の『武士道』を一読した、ときの歴史家・津田左右吉《つだそうきち》の発言であった。

「これは武士道ではない、大和心《やまとごころ》だ」

と、彼は明確に反論していた。

「大和心」（あるいは大和魂《だましい》）というと、軍国主義の宣伝文句《スローガン》を連想する方がいるかもしれないが、失礼ながらそれは、大いなる歴史の認識不足、勘違いというものである。

誤解のないように史実を申し上げておくが、日本で最初に「大和心」を唱えたのは、平安中期の女流歌人で、『小倉百人一首《おぐらひゃくにんいっしゅ》』にもその歌が登場する赤染衛門《あかぞめえもん》であった。

文章博士《もんじょうはかせ》・大江匡衡《おおえのまさひら》とその妻・赤染衛門の間に、待望の子供ができたときのことだ。

急ぎ乳母《うば》を雇ったが、知性《インテリジェンス》豊かな匡衡にはこの乳母の、教養のなさが気に入らない。

　はかなくも思ひけるかな乳《ち》もなくて　博士の家の乳母《めのと》せんとは

思わず、愚痴を歌に詠んだほどである。「乳」と知識の〝知〟をひっかけて、

「知識もない低俗な女を、博士の家の乳母にするなどとは、ずいぶん馬鹿げたことをしたものだ」

と、愚痴ったわけだ。

この夫のふてくされた言いぐさに対して、妻の赤染衛門は颯爽《さっそう》と次のように応じた。

さもあらばあれやまと心し賢《かしこ》くば　細乳《ほそちち》につけてあらすばかりぞ

いいえ、大和心――人の世の生き方、日本人としての心構え、人付き合いの方法――これらさえわきまえていれば、お乳（知識）がでなくとも、子供を預けるのに何の問題がありましょう。

私たちの子供は、立派に育ちますわ、と歌に詠んで反駁《はんばく》したのであった。

ここで詠まれた〝やまと心〟は学問とは異なり、普通の人間、日本人として生まれてきた、よかった、という素朴な心の感謝を述べたものであった。

ちなみに、「大和心」と同じ意味をもつ、「大和魂」を日本史で最初に述べたのは、『源氏物語』の作中であり、作者は紫 式部《むらさきしきぶ》であった。作中の主人公・光源氏が、わが子に勉強をさせようとするところで、唐の学問の対比として、「大和魂」が出てくる。

「大和魂」は日本人の心です。知識ではない。唐《とう》の学問をして、かえって「大和魂」が傷ついてはいけない、と紫式部は作中で述べたかったようだ。

趣《おもむ》きは、前述の赤染衛門と、まったく同じであった。

それを明治になってから、多くの日本人は、「武士道」と思い違いをするようになった。

――「武士道」に比べ、「大和心」の歴史は深遠で古い。

日本人がこれまた民族的に持つ厭世《えんせい》の雰囲気、つまらないもの、憂きものの――仏法にいう極楽浄土《ごくらくじょうど》の「あの世」に対する語でもある「この世」（浮世《うきよ》とも）を、日本人は心の転換によって、あざやかに希望や夢に変えて生きてきた。

あたかも、日々の生活の中で、目にみえない不平や不満が塵芥《じんかい》のように積重《つみかさ》なり、肩にのって、いつしかその重さに苦悩し、妙に心晴れない日があったとする。

張りつめた日々の生活がふと、虚《むな》しく煩瑣《はんさ》（くだくだしくわずらわしい）なものに思え、夜、床についても容易に眠れないときがあったとしよう。

そういうとき筆者は、歴史に棲《す》む有名・無名の〝偉人〟＝「大和心」をもつ人々を訪ねることにしている。世に知られていながら誤解されつづけている人、立派な人生を歩みながら広く人々に知られることのない無名の英雄、心の豪傑な人、可憐でいながら強い意志を持つ乙女、ときに放埓《ほうらつ》でそれでいて真面目で、必死に前向きに生きようとした歴史上の人々の、笑い声や嘆き、啜《すす》り泣く声を聴いていると、心の奥底が少しずつ沈着し、晴れやかになってくる。

彼らは、一様に語りかけてくれる、

「――それでも、この世は、捨てたものじゃない」

と。ただ、一生懸命に立ち向かえば、それでいいのだ、結果ではない、と。

本書はそうした、己れの人生を懸命に生きた老若男女を、「大和心」を基準に、歴史の世界に求め、集めてみた。目次を参照いただき、関心を持たれた人物や事柄から、読み進めていただければと思う。

本書に登場した人々は、まぎれもなく実在している。そして、われわれと同じ日本人独特の感性、ＤＮＡを持っていた。

最後になりましたが、本書刊行の労をとってくださった戎光祥出版株式会社代表取締役の伊藤光祥氏と、同社編集部の原田亘氏に、心よりお礼を申し述べる次第です。

令和五年　新春　東京練馬の羽沢にて

加来耕三

目　次

第二章　信義を貫く

第三章

意思を強く

第四章 平常心で臨む

第五章

己れを信じる

第六章

世界で称賛された大和心

第一章
大和心に生きる

日本にしかいない偉人　徳川家康

家康の遺訓

不況による閉塞感が、長く日本を覆っている。

出口のみえない不安と焦燥――こうしたとき、これまで決まって思い起こされた歴史上の人物がいた。

まずは、次の言葉をご一読いただきたい。

人の一生は、重荷《おもに》を負《おい》て遠き道をゆくが如《ごと》し、いそぐべからず、不自由を常《つね》とおもへば不足なし、こころに望《のぞみ》おこらば、困窮したる時を思ひ出《いだ》すべし。堪忍《かんにん》は無事《ぶじ》長《ちょう》久《きゅう》の基《もとい》、いかりは敵とおもへ、勝事《かつこと》ばかり知りて、まくる事をしらざれば、害其身《がいそのみ》にいたる。おのれを責《せめ》て人をせむるな。及ばざるは過《す》ぎたるよりまされり。

戦国乱世を統一した天下人・徳川家康の遺訓と伝えられている。どうであろう、二十一世紀の今日の時勢下にあっても、説得力をもっているのではあるまいか。

もっとも、この家康の遺訓は後世の、それも明治に入ってから、二百六十五年の江戸時代を振り返って、「そういえば――」と創作され、潤色《じゅんしょく》された偽作である。

家康本人のものではない。

そのことは、尾張徳川家二十一代当主で、徳川美術館の館長もつとめた、徳川義宣《よしのぶ》氏によって明らかにされている（「一連の徳川家康の偽筆と日課念仏」・『金鯱《きんこ》叢書』第八輯所収）。

なるほど一面、この遺訓は家康その人の実像の一部をしっかりと摑んでいたといえる。

徳川家康画像　東京大学史料編纂所蔵模写

家康は長い不遇の時代を、歯をくいしばって生き抜き、ついには天下人となった。昭和―平成―令和と時代を超えて、企業の経営者の多くが、この人物に学ぼうとするのもわからなくはない。

しかし、家康の本質はまったく別なものであった。

――この人物には、意外な癖があった。

ここ一番という大事な局面に遭遇すると、家康は無意識に爪を嚙むのである。周囲の者からいくら注意されても、生涯、この癖は直らなかったという。

先の悟ったような遺訓を読んだあとで、このようなことを述べると、双方の像に相違があり過ぎて、混乱される向きがあるかもしれない。が、この隔たり《ギャップ》にこそ筆者は、家康その人の、本当の人間性が秘められていた、と解釈してきた。

結論から先にいえば、家康はもともと短気で激情型の、俗にいう血の気の多い人であった。爪を噛む癖は、己れの感情を抑えるためのものだったのだ。しかも、その感情をたびたび抑えかねた。「堪忍は無事長久の基」、「いかりは敵とおもへ」とは家康本人へむけての痛烈な批判、猛省であったといえる。つまり、家康は遺訓とは真逆の人であった。

天文十一年（一五四二）十二月二十六日、徳川家康こと松平竹千代は、三河《みかわ》（現・愛知県）岡崎城主であった松平広忠《ひろただ》の、一人息子として生まれていた。

世の中が乱世ではなく、江戸期のように天下泰平であったならば、あるいは竹千代は周囲に惑溺《わくでき》され、わがままで身勝手な城主となり、とどのつまりは家臣たちに城主の座を逐《お》われて隠居させられる、「押込《おしこ》め」のような目にすらあっていた可能性が高かった。

戦国の世においても、人質という異常な経験——頭を抑えられる——をしていなければ、家康は二十代で、家臣に寝首を掻かれていた公算が高い。なにしろ血のつながる父の広忠は、二十四歳のおりに家来に暗殺されている。祖父清康《きよやす》も、二十五歳のときに家臣に誤解されて斬り殺されていた（いずれも数え年、以下同じ。昭和の戦後は満で表示）。

ついでにいえば、家康の長男・信康《のぶやす》も、重臣の反感をかって、結果、二十一歳で織田信長に切腹を命じられている。なんの障害もなく、また、苦境を経験することなく成長していれば、家康も祖父や父、息子と同じ運命を辿ったことであったろう。

俗にいう、〝禍福《かふく》は糾《あざな》える縄の如し〟である。家康は六歳から十九歳までの、約十四年に及ぶ今川家での人質生活（うち二年間は、正確には織田家）が幸いした、といえなくはなかった。この間、家康は屈辱や劣等感と闘いながら、一方で己れを抑えることを余儀なくされながら、忍耐力、従順さ、朴直《ぼくちょく》ぶり……を身につけていく。

それがいかんなく発揮されたのは、皮肉にも頭を抑え付けられていた東海一の太守・今川義元《よしもと》が、織田信長に討たれ、己れの独立が可能となったときであった。

家康の立ち居振舞い

ようやく父祖の地を奪還した家康は、諸般の事情を考慮して、信長と攻守同盟を結ぶ。

そして三河を平定するのだが、「元康」を「家康」と改めた永禄《えいろく》六年（一五六三）の九月、家康は家臣団の半分に離叛される一向一揆を仕掛けられ、彼らは主君を裏切り、己れの生命《いのち》を狙った人々を、ことごとく許すことによって、ようやく翌年二月に一揆を鎮定した。

自らが我慢（こらえ許す）、堪忍《かんにん》する（人のあやまちを許すこと）以外、家康に生き残る道がなかったからだ。

加えて、同盟者となった信長は、家康を対等とは見做《みな》さず、ほとんど麾下《きか》の一部将と同等に扱った。にもかかわらず、二十年にわたる提携の間、家康は一度として信長を裏切っていない。信長に煮え湯を呑まされたことも、一度や二度ではなかった。

半面、家康が信長から受けた恩はわずかでしかなく、最盛期の信長に、本来の三河に加え、家康自らが獲得した遠州《えんしゅう》（＝遠江《とおとうみ》　現・静岡県西部）に、与えられた駿河《するが》（現・静岡県中部）の併せて三国を、安堵されただけであった。

しかもその地位は、柴田勝家《しばたかついえ》や羽柴《はしば》（のち豊臣《とよとみ》）秀吉《ひでよし》ら織田家の方面軍司令官と比べてさえ、同等もしくは過小であり、少なくとも織田家の幹部たちは、家康を自分たちより下にみていた。

「愚直な律義者」という家康への評価は、尊敬と侮蔑の入り混じったものであったわけだ。とはいえ、たんなるお人好しに天下は取れない。家康の凄さは、己れを頑愚《がんぐ》に徹した、無口で無欲な働き者として、その生涯の大半を演じ切ったところにあった。

少し古い言い方をすれば、「艱難汝《かんなんなんじ》を玉《たま》にす」（苦労を重ねて、はじめて人は大成する）を実践したのだ。逆境こそが、人間力を鍛える。

もっとも、そこは本質において激しやすい家康のこと。二度だけ、下脹《しもぶく》れの童顔を朱にして、本性を露《あらわ》にしたことがあった。一度目は、三十一歳のときである。

元亀《げんき》三年（一五七二）十月、〝天下無敵〟と称された武田信玄《たけだしんげん》が、上洛戦を敢行すべく動いた。当然、正面の敵は、この頃、三河と遠州を版図《はんと》としていた家康になる。彼はこのとき、岡崎城に替えて根拠地としていた遠州浜松城《はままつ》（現・静岡県浜松市中区）に籠城した。

この家康の行動に対して、信長は三河の線まで下がるように、と再三忠告している。

なぜならば、武田勢は二万七千、家康の兵力は六千で、信長からの援軍を加えてもせいぜい一万程度にしかならなかった（参謀本部編『三方原役』・兵数には異説もある）。

正面からの決戦を避け、挟撃戦を信長は考えていたのである。

信玄はそのことを知ってか知らずか、家康の版図に悠々と進攻し、二俣城《ふたまた》（現・浜松市天竜区《てんりゅう》）を一蹴すると、あろうことか浜松城を黙殺して、そのまま西上しようとした。

事実、うわさを流している。名将信玄にすれば、〝小物〟の家康との戦闘は、時間の浪費ぐらいにしか考えていなかったのかもしれない。したがって家康は、息をひそめていれば当面は安泰であった。討って出ぬ限り、武田方からは仕掛けてこないというのだから。

浜松城での軍議も、「不戦」とほぼ決しかけた。戦って、百に一つでも勝算があればともかく、そうでない限り、〝死んだふり〟をきめ込んでいたほうが無難であった。

ところが、織田家からの援軍を迎えた徳川家の軍議の席上、ただ一人、爪を嚙みながら決戦を主張して譲らない男がいた。家康である。居合わせた人々は、日頃の慎重で用心深い彼を知っているだけに、人変わりしたのではないか、と驚き慌てた。

このとき、家康は真っ赤な顔でいったという。

「武田勢が領内を通過することは、わが庭を蹂躙《じゅうりん》されるも同じことじゃ。ここで傍観したとあっては、世人に臆病者とあざけり笑われようぞ」

――だから、死を賭しても一矢は報いたい、と家康はいうのである。

これは感情論であって、戦略・戦術と呼べるものではなかった。

気負いたって反対意見をねじ伏せた彼は、率先して打って出た。このとき家康の脳裏には、同盟者信長が華々しく演じた桶狭間《おけはざま》の合戦が浮かんでいたに違いない。

「あのおりの織田殿は、二十七歳であった。わしは三十一歳だ……」

やれぬはずがない、と家康は軍勢を率いて、三方ケ原《みかたがはら》（現・浜松市北区）に出撃した。ここで武田勢を奇襲し、一挙に雌雄を決して、あわよくば信玄の首を挙げようとしたのだが、いかんせん、無敵を誇る武田勢はむしろ徳川勢を待ち構えていた。津波のように、鎧袖一触《がいしゅういっしょく》――徳川・織田連合軍を呑み込むと、瞬時にして三百以上もの死体の山を築いた。家康は敗戦の中を、ついにはただ一騎となって逃げ迷い、緊張と恐怖から馬の鞍上で、つい脱糞してしまったといわれている（後世の付会だが）。

家康は九死に一生の、大勉強をした。猛省といっていい。

「所詮、わしは織田殿にはなれぬ」

では、どうすれば無能・凡庸な己れが、この乱世を生き残ることができるのか。

家康は模範《モデル》を求めた。そして行きついたのが、自分を完膚《かんぷ》なきまでにやっつけた信玄であった。この宿敵に家康は、徹底して真似《まね》ぶ。立ち居振る舞いから、軍略・兵法まで――。

そのうえで、以来、軽佻浮薄《けいちょうふはく》の微塵もない実直さに、ますます彼は徹した。

信長を立て、その分配を安全に受け取り、欲を決して露にせず、信長に嫌われぬように、己れを懸命に抑えつづけた。

こうした家康の姿勢は、信長が本能寺に横死しても変わらなかった。

〝天下〟を望まず、織田家の内部抗争を横目に、ひたすら自領を拡張――。信濃《しなの》（現・長野県）と甲斐（現・山梨県）の二国を手に入れ、瞬く間に五ヵ国の大版図を築くに至った。

豊臣秀吉が信長の後継者となってからも、家康の〝律義者〟の看板は変わっていない。

その看板を下ろし、家康が天下取りに食指を動かすのは、秀吉の没後、経歴《キャリア》でほぼ互角の前田利家《としいえ》（もと織田家の柴田勝家の与力《よりき》、裏切って秀吉へ寝返る）が、いよいよ再起不能となるのを見届けてからのことであり、すでにこのとき家康は、五十九歳になっていた。

これまでの善人の面をかなぐり捨てて、〝天下分け目〟の戦い＝関ヶ原の戦いに勝利した家康は、三年後に征夷大将軍となり、江戸に幕府を開いた。

なぜこのような人物が天下をとれたのか。当時の大名たちは等しく、

「――それでも徳川さまは、惨《むご》いことはなさらない」

との思いを抱いていた。

あるいは家康が、長い歳月、被害者意識の中で培った「惻隠《そくいん》の情《じょう》」（いたわしく思う心、あわれみ）が、大名たちをはじめ天下の人々に、認知されたからかもしれない。

信長・秀吉のような英雄的光輝さのない家康が、なぜ、二百六十五年の泰平の礎を築き得たのか。家康は渾身の力を振り絞って、激越な本性を抑えながら、懸命に考え続けてい

たのである。人生を、生き残る方法を――。

そして、ついに一つの結論に達した。

われ、素知らぬ体《てい》をし、能《よ》く使いしかば、みな股肱《ここう》となり、勇敢を顕わしたり。(『故老諸談』)

〝素知らぬ体〟――すなわち、家臣の言動を見て見ぬふりをし、己れの感情や欲望を捨て、その人物の長所のみを見て、適材適所に使う。生身の人間が持つ感情や欲望を、虚空に抽象化する訓練――組織そのものと一体となる――を、家康は生涯自らに課しつづけた。

そうすることだけが、格別に才気煥発でもなく、将来の構想《ビジョン》にも乏しい己れが、乱世を生き抜ける方法であったからだ。

このとき用いたのが、「大和心」(大和魂)であった。

「大和心」をわきまえていることが、いつしか三河家臣団の枠を越えて、近隣の諸豪族・国人《こくじん》たちにも伝播し、家康という個人としては、はなはだなつき難い男を、なつかせることになったのではあるまいか。

「――徳川どのは、惨いことはしなさらぬ」

ある種の、安堵感といってもよい。

見方をかえれば、天下人家康はそれだけの男でしかなかった、ともいえる。

世界初の全身麻酔手術を支えた妻　華岡加恵

“医聖”とその妻

中国古典の、「四書」に数えられる『孟子《もうし》』の中に、

良人《りょうじん》は、仰ぎ望《のぞ》みて身を終《お》わる所なり

というのがあった。

良人（夫）というものは、妻からすれば天とも仰ぐように見て、わが身の終生を托《たく》すべき大切な存在である。それゆえ、夫たるものは、一人の人間としても尊敬されるように、常々、心がけていなければならない、との意味となった。

中国のはるか昔、戦国時代（紀元前四〇三～紀元前二二一年）の孟子の言葉は、今日の現代人にはおそらく、いささかこそばゆいに違いない。

そういえば、「四書」と並び称せられる、「五経」の一《いつ》・『詩経《しきょう》』にも、

琴瑟御《きんしつぎょ》に在《あ》り、静好《せいこう》ならざるは莫《な》し

というのがあった。「御」はかたわらの意、「静好」は音楽の持つ、ものしずかな調和《ハーモニー》、旋律の美しさ。

「わたしの脇にある琴瑟《きんしつ》（二つの楽器）は、いつも静かないい音色を奏《かな》でます。これは妻が夫に対して、わたしたちの愛情も、この琴瑟のように相和する＝美しい関係ですね」

ということを、喜んで表現した一片の詩であった。

——日本史の中には、右の古典を恥ずかしがらず、そのまま口にすることのできた、一組の夫婦がいた。

夫は江戸の中期、宝暦《ほうれき》（ほうりゃく、とも）十年（一七六〇）十月二十三日に、紀伊《きい》国那《な》賀《か》郡西野山《にしのやま》村平山（現・和歌山県紀の川市西野山）で二代つづいた外科医・華岡直道《はなおかなおみち》の長男として生まれていた。諱《いみな》を震《ふるう》、通称を随賢《ずいけん》（三代目）、俗名を雲平《うんぺい》といったが、号の青洲《せいしゅう》がいちばん知られている。なにしろ、後世に〝医聖《いせい》〟とまで人々に仰慕《ぎょうぼ》された人物である。

世界で初めての全身麻酔薬の開発に成功し、それを使って、世界の何処にあっても、いまだいかなる医者も成し遂げ得なかった乳癌の摘出手術を、みごと成功させた名医であった。

この時代、日本は全国的に藩政改革の真っ只中にあったといってよい。庶民の生活は苦しく、幕府や諸藩の専制も苛烈を極めていた。

そんな世上にあって、紀州の片田舎から、青洲のような人物が出ようとは……。

ちなみに、亜米利加《アメリカ》のウィリアム・T・G・モートンが、エーテルによる吸入麻酔を臨床応用に使い、成功し、そのことを声高らかに宣言したのは、西暦一八四六年＝青洲の成功した四十年余りのちのことであった。

日本の医学界では、『解体新書』や『蘭学事始』で著名な杉田玄白に遅れること二十七年目に青洲は生まれていた。西洋医学の基礎を築いた、緒方洪庵《おがたこうあん》よりは五十年早い生誕となる。彼の足跡はその偉業とともに、今日多くのことが明らかとなっていた。

彼の偉業を支えた妻・加恵《かえ》は、近村の那賀郡名手《なて》荘市場《いちば》村（現・紀の川市名手市場）に宝暦十二年（十年とも）に生まれていた。夫より、二歳年下となる。

父より医師になることを望まれた青洲は、当時、医学の最先端をいっていた京都に遊学して、古方医・吉益南涯《よしますなんがい》や、カスパル（オランダ）流外科医・大和見立《やまとけんりゅう》（父の見水《けんすい》であったとも）に、医学を本格的に学んだ。

青洲の生まれる六年前に、京都では六角獄舎《ろっかくごくしゃ》において、山脇東洋《やまわきとうよう》らによる人体解剖がおこなわれていた。この体験と実証を重視する医学の流れは、安永《あんえい》三年（一七七四）に玄白や前野《まえの》良沢《りょうたく》らによる『解体新書』の研究、出版へとつづいていく。

京都医学界は、何よりも実証主義的な精神が豊盛《ほうせい》（豊かなこと、盛んに多い）であったといえる。その京都へ、『解体新書』が出版された八年後＝天明《てんめい》二年（一七八二）に、学問をすべく訪れたのが青洲であった。彼が他の医学書生と異なったのは、その目標の高さにあったかもしれない。青洲が目指したのは、伝説の医聖・華佗《かだ》であった。

三国志の時代、あらゆる奇病・難病を完治させたと伝えられる華陀は、外科的手術においても、曼陀羅華《まんだらけ》を使った秘薬「麻沸散《まふつさん》」（別名・通仙散《つうせんさん》）＝麻酔薬を、酒と一緒に飲ませてから手術をおこなった、と古典に記述があった。

一方、青洲の修行時代、乳癌は不治の病ではなく、阿蘭陀《オランダ》の書物によれば、その毒部を切り取れば完治することができる、との症例が発表されていた（東洋の弟子・永富独嘯庵《ながとみどくしょうあん》著『漫遊雑記《まんゆうざっき》』）。もっとも独嘯庵自身は、次のように同書で述べていた。

「私はまだ試してみたことがないが、ともかくも書き記して後世のために残しておく」

京都時代、青洲はあらゆる古典医学書を読破。右の独嘯庵はすでに、この世になかったが、青洲は遺書に学び、珍しい医療技術があると聞けば、どれほど遠方でも訪ねて教えを乞うたという。故郷に帰って、ほどなく他界した父に代わって、青洲は患者の治療にあたりつつ、麻酔薬「通仙散《つうせんさん》」の開発をはじめ、のちには「春林軒塾《しゅんりんけん》」を開いて、慕ってくる門人たちに医学を実地に教えた。

青洲はやがて、巣立っていく弟子たちに免状を出すおり、自ら漢詩を認《したた》めた。

竹屋蕭然烏雀喧（ちくおくしょうぜんうじゃくかまびすし）　風光自適臥寒村（ふうこうおのずからかんそんにがすにてきす）
唯思起死回生術（ただにおもうきしかいせいのじゅつ）　何望軽裘肥馬門（なんぞけいきゅうひばのもんをのぞまん）

漢詩の意味は「私は何の富貴栄達も望んではいない。自然に恵まれた田舎に住んで、ひたすら思うことは瀕死の病人を救うことであり、そのために医術の奥儀を極めたいと念じていることだ」となる。

世の中には本当に、金儲けも贅沢な生活、趣味に遊ぶことに関心なく、己れの使命感にだけ生きた人間が存在したのである。青洲は日々、訪れる患者の痛みや苦しみをどうすれば救えるか、それのみを考えつづけた。そして出した一つの結論が、麻酔薬の開発であった。眠っている間に、痛みを感じることなく手術ができたならば……。

患者の体力、気力の問題もあった。

この夫に献身したのが、その母と妻である。否、二人の妹も京都に学ぶ兄を助けるべく、機《はた》を織って学費を作っていた。

家族が懸命になって、青洲の夢を支えたといえなくもない。

わが身を犠牲にして

彼の麻酔薬は、動物実験（主として犬）を重ねることにより完成に一歩一歩近づいたが、はたして人間に通用するのかどうか、最後の壁は人体実験の成否にかかっていた。

しかし、失敗すればその人は死んでしまう。

そうした青洲の苦中を知った母・於継《おつぎ》が、自ら進んで人体実験に、わが身を使ってほしい、と申し出た。

「老い先もそう長くはない、それならば――」

息子の役に立ちたい、との言であった。

けれども、妻の加恵はその義母の言葉を容認することはできない。夫の為であるならば、それはわが身を供してこそ当然だ、と義母を止め、自らが願い出た。

青洲はこの母と妻の協力を得て、自身も含め、数度かの人体実験をおこなった。

おそらく、軽度、少量のものを母へ、いささか疑問の残るもの、思い切った量を、自らと妻に割り振ったのではあるまいか。

ついに、麻酔秘薬「通仙散」は完成した。

だが、妻加恵はその実験の過程で、徐々に視力を失い、ついには失明してしまう。

作家・有吉佐和子《ありよしさわこ》の描く小説『華岡青洲の妻』は、このあたりの事情をとりわけ、姑と嫁の葛藤として描いたが、もとよりこれは創作《フィクション》の話。

専門家によると、「通仙散」に使われた「鳥頭《うず》」（乾燥させたトリカブトの根）が、アコニチンにより動眼神経を損なわせたのではないか、との推測も、かつて読んだことがある。

青洲は失明した妻のために、新居を造り、寸閑をおしんでは四方山話をして相手となり、あるいは自らが読み語りをし、ときには阿波《あわ》（現・徳島県）から人形浄瑠璃の名手・小林六太夫《ろくだゆう》を呼び、その慰めにつとめたと伝えられている。

記録に残る青洲の乳癌手術の成功の第一例は、文化《ぶんか》元年（一八〇四）十月におこなわれた、大和国（現・奈良県）五條の、藍屋《あいや》の六十歳の婦人を対象としたものであった。

それにしても、画期的であったといえる。なにしろ、それまでの日本の外科は、外傷の縫合や腫瘍の切開といった、単純な手術しかしてこなかったのに、青洲は関節離断・尿路結石摘出など、多数の難しい手術を敢行し、成果をあげていった。

「眠っている間に足を切り取ってしまう、魔法のような術を使う医者がいる」

青洲の評判は諸国を巡り、全国から患者がやってきた。なかには遠方からの貧しい患者もあり、彼はそういうとき無料で手術を施し、帰りの旅費まで持たせてやった。

ときの紀州藩主（十代）・徳川治宝《はるとみ》が、ぜひにも侍医に、と何度誘っても、青洲の答えは同じであったという。

「せっかくですが、私には村での病人がいますので――」

魏《ぎ》王・曹操《そうそう》の招きを断わった華佗の姿勢に、あるいは学んでいたのかもしれない。

藩主治宝はついに根負けし、「勝手《かって》勤《づとめ》奥医師《おく》」という身分をつくり、いざというときだけの和歌山城下への診察を命じた。

青洲は旱魃《かんばつ》で飢えに苦しむ村民を救うべく、私財を投げうって灌漑用の溜池「垣内池《かいといけ》」を造ることもしている。妻はそんな夫を心から誇りに思いつつ、文政《ぶんせい》十年（一八二七）にこの世を去った。彼女の享年は、六十六（六十八とも）。

半生を治療と後進指導に生きた青洲は、天保《てんぽう》六年（一八三五）十月二日にこの世を去っている。彼の享年は、七十六。

近隣の春・夏・秋・冬にすっぽり包まれ、そのことに何一つ疑問を抱かなかった、一人の偉大な医師の、尊い生涯であった。

日本地図を作った　伊能忠敬

二つの人生を生きる

延享《えんきょう》二年（一七四五）、現在の千葉県は九十九里浜《くじゅうくりはま》の真ん中、上総《かずさ》国山辺《やまのべ》郡小関《こせき》村（現・千葉県山武《さんぶ》郡九十九里町）に、のちの伊能忠敬《いのうただたか》は生まれている（二男一女の次男）。幼名を三治郎《さんじろう》。生家の「小関」は、鰯《いわし》漁の網主をつとめる村の名主で、相当の財力をもつ家であった。

ところが、家つきの娘であった母が忠敬七歳のおりに亡くなると、小関家は母の弟が継ぎ、婿であった父は子供をつれ、実家の神保《じんぼ》家に戻ってしまう。

神保家も名主をつとめる旧家で、彼は読み書き算盤《そろばん》に専念できる環境に育った。

宝暦《ほうれき》十二年（一七六二）、十八歳になった彼は、下総《しもうさ》国香取《かとり》郡佐原《さわら》村（現・千葉県香取市佐原）の名家・伊能家の娘ミチの婿養子《むこようし》となった。

伊能家はこの頃、当主に恵まれず大いに家業が傾いており、忠敬は「倹約」と「信用」をもって、この養家を三十年かけて再建した。

そのうえで、五十歳になると隠居し、その翌年＝寛政《かんせい》七年（一七九五）には、すでに江戸へ遊学していた忠敬は、日本一の数学者といわれた幕府天文方《てんもんかた》の高橋作左衛門至時《さくざえもんよしとき》の門弟となる。

忠敬は若い頃から和算《わさん》に興味を持っており、残りの人生を今でいう天文学・数学の研究に費やそうと考えた。天文学とそれに結びついた科学的な測地法、その基礎となる「平面三角法」や「球面三角法」などの高等数学を懸命に学んでいる。

伊能忠敬像　千葉県香取市　伊能忠敬記念館蔵

正午の太陽の高さを測り、夕方の星の観測を欠かさず、常人ならとてもできそうもない面倒な計算を、根気強くつづけた。
その努力家ぶりに、十九歳若い師の至時も、「推歩《すいほ》先生」と忠敬を呼んで敬服した。天体位置の計算を、当時は〝推歩〟といった。
そんなおりのこと、ロシアによる蝦夷地《えぞち》

（現・北海道）侵略の風説が、忠敬の耳にも聞こえてくる。

満足な地図すら持たない当時の幕府は、急ぎ至時に精密な地図の作成を依頼するが、至時は事の困難さ、わが身の病弱を理由に、辞退を申し出る始末。

だが、いずれは誰かが、成さねばならない重要事であった。至時の懇請もあって、五十をすぎた忠敬が、この難事を引き受けることになる。しかし、年齢から推《お》しても普通のやり方ではとても、生きている間に日本全土の地図を作成することはできそうもなかった。

生ある時間を少しでも有効に使うべく、忠敬は〝量程車《りょうていしゃ》〟と名づけた測量車を発明する。車輪の回転によって、距離を測定する着想《アイディア》であったが、地面の凹凸や傾斜部では正確性を欠く。忠敬は歩測を加味し、斜面であっても斜度をもって、平面距離に換算するよう己れの足に覚えさせた。

また、測量の生命《いのち》ともいうべき磁石《じしゃく》が、地球の真北を正しく指さぬことに気付いた忠敬は、思い悩んだ末に北極星を観測する方法を思いつく。

北極星も厳密には四度の誤差があったものの、修正はさほど困難ではなかったようだ。

さらに、忠敬は一ヵ年を費やして江戸の芝丸山《しば》（現・東京都港区芝公園）で、斜面測量の実習を入念に実施。江戸市中を歩きまわっては、歩測の訓練を積んだ。

そして寛政十二年、五十六歳の忠敬はついに蝦夷地へ、三人の若い弟子と二人の従者をつれ、最初の測量に出発。のちには、本州もいくつかの区画《ブロック》に分けて歩いている。用いられたのは、「交会法《こうかいほう》」であった。複数の点が一致する方位線を測量で結びながら、この単調な作業を倦《う》むことなくくり返す。一つの地域地図をつくるのに、十五、六万回という、気の遠くなるような測量がくり返しおこなわれた。

前人未踏の快挙

忠敬にとって、それは心身ともにきわめて疲労をともなう作業であったろう。苦労は実務だけではなかった。これら準備に要した費用の一切は、自弁である。幕府は蝦夷地に出発したおりなど、特別な場合、忠敬に一日二朱《しゅ》（一両の八分の一＝現在の約五千円）の手当を出したにすぎなかった。

交通の不便から測量機器の運搬を幕府に願い出たが、要求はまったく容れられず、そのくせ幕府は次に、本州の実測をせよ、と命じてくるありさま。

さしもの忠敬も嫌気がさし、測量を中断しようとしたことがあった。

このおり師の至時は、

「あなたのやっていることは、天下暦学の盛衰にかかわる大業である。もし、中絶するようなことになれば、これほど悔《く》やまれることはない」

という意味のことを、書簡にしたためて励ました。

本州東海岸・東北・北陸など日本の東半分の沿海図は、測量開始後五年目に完成をみる。

だが、このとき、師の至時は病没していた。

奇跡のような「伊能図」

忠敬の測量は、七十二歳までつづけられた。この間、彼が歩いた距離は約四万三千キロ。地球を一周してなお、おつりのくる長さであった。

西日本の地図を作成する頃になると、ようやく忠敬の偉業は人々の認めるところとなり、彼の測量隊は数を増し、諸藩もこぞって協力体制をとるようになる。

文化《ぶんか》十五年（一八一八）、持病のぜんそくが悪化し、忠敬は七十四歳の生涯を閉じた。

三年後、忠敬の測量による『大日本沿海輿地全図《えんかいよちぜんず》』が、門人たちの手で幕府に納められた。だが、幕府はこの地図を公開せず、死蔵してしまう。

「伊能図」の優秀さが世界に知られるのは、それから四十年後のことであった。

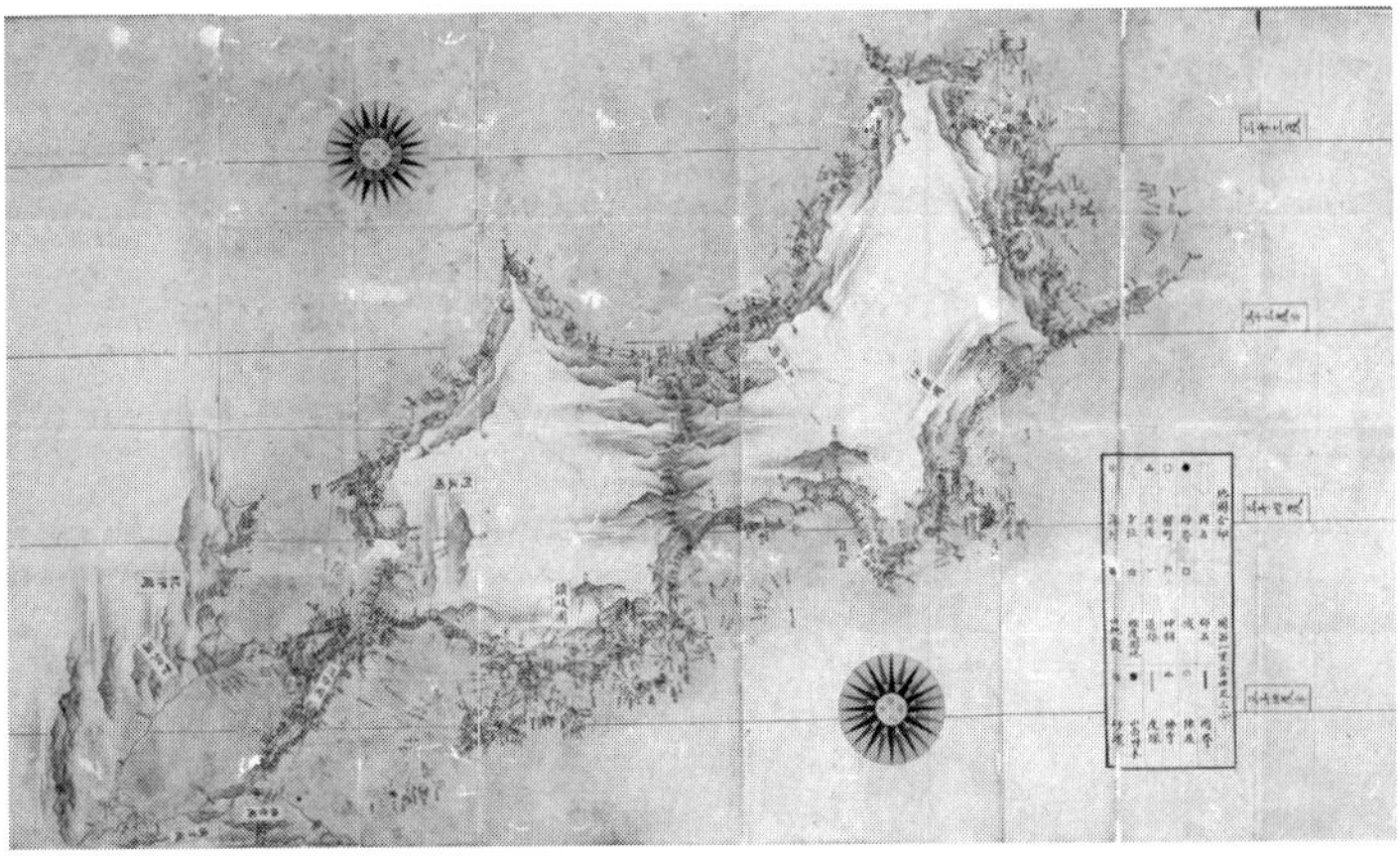

伊能日本実測小図　二　国立国会図書館デジタルコレクション

文久《ぶんきゅう》元年（一八六一）、イギリスの測量艦が日本沿海の実測を強行しようとしたとき、幕府はやむなく幕吏を船に乗り込ませることで妥協したが、このとき、案内用として幕吏に持たせたのが「伊能小図」（忠敬作成の小型地図）であった。

「われわれが測量しても、これ以上のものはできない。どうしてこんなすばらしい地図が日本にあるのか」

測量艦の艦長《キャプテン》ジョン・ワードは、自分たちの測量結果の一部と寸分狂《くる》いのない地図に、驚嘆の声をあげた。「伊能小図」はヨーロッパで開発された、サンソン・フラムスティード図法にのっとって描かれていたのである。

結果、ジョン・ワードたちは測量を中止し、近海の測深をしたのみで「伊能図」の写しを入手し、帰っていったと伝えられている。

イギリスの驚きぶりに、「伊能図」の真価《しんか》を知らされた幕府は、この地図を「皇国図」として慶応《けいおう》三年（一八六七）のパリ万国博覧会に出品。明治に入ってからは、「伊能小図」をもとに『大日本地図』を作成し、縮尺二十万分の一の全国地図（明治二十六年＝一八九三年完成）のもととなり、大正時代に入ってさえ、まだ利用しつづけた。

もし、日本に「伊能図」がなければ、日本の近代化は大きく遅滞したに違いない。

蛇足ながら、明治時代にはいって、二十二年の歳月と約二百人の要員《スタッフ》、近代的な測量機器を導入し、実施された調査測量によっても、忠敬の地図は最大誤差がわずか十六メートル、縮尺一万分の一の地図では十六ミリに過ぎなかったという。

しかもこの誤差は、地図に表現する技術が十分でなかったためのものであった、といわれている。

「力必達」で柔道を広める　嘉納治五郎

諸流儀の長所を統合

ときは明治の中葉、鹿鳴館《ろくめいかん》の時代（一八八三〜一八八七頃）——世上は、〝文明開化〟に酔いしれていた。欧米先進国の文化は無条件で讃美され、受け入れられ、逆にこれまでの日本的な伝統文化は、内容の善悪《よしあし》を問わず、顧みられない傾向が顕著となっていた。とくに剣術、柔術などの日本古来の武術は、泥臭くて野蛮なもの、と一蹴されるありさま。著名な武術家たちも、生活の困窮からつぎつぎと道場を閉鎖し、生活の糧《かて》を別に求めた。

このような状況のなかで、ひとりの青年が不意に柔術を習いはじめる。この小柄な青年は、力づくで挑んでくる乱暴者を制止できず、己れの非力さを悟り、〝術〟をもって対処すべく柔術修行を思いたったのだった。だが、師を捜すのに数年を費やし、ようやく師にめぐり会ったものの、青年は稽古をしていくうちにとんでもないことに気がついた。

柔術にはいくつもの流派があり、各々の流儀によって立ち技を重視するもの、寝技のみを

嘉納治五郎画像　出典：国立国会図書館「近代日本人の肖像」

教えるもの、関節を決めるだけの稽古を積むもの等々、武技に各々の特色があることが知れた。

「いま、古流柔術は衰亡の危機に瀕《ひん》している。これを救うには、諸流儀の長所を統合し、完成度の高い武術を創始して、文明開化の軽薄な風潮に対抗するしかない」

青年は思った。

もし、彼が一介の名もない武術家志望者であれば、周囲に波紋をよぶこともなかったかもしれない。この青年の名を、嘉納治五郎《かのうじごろう》といった。

嘉納は万延《まんえん》元年（一八六〇）十月二十八日、酒造家出身の父・次郎作《じろさく》（名は希芝《まれしば》）の三男として、摂津《せっつ》国莵原《うはら》郡御影《みかげ》村（現・兵庫県神戸市東灘《ひがしなだ》区）に生まれている。

東京で官職にあった父に、十一歳で呼び寄せられて上京。漢学・英学を修め、大学予備科の官立外国語学校へ進み、明治十年（一八七七）に官立開成《かいせい》学校（のち東京大学）へ入学した。卒業後、嘉納は学習院で教鞭をとる身となる。それだけに、時代の先端をゆくべき教師でありながら、旧来の武術（柔術）を学ぶなどもってのほかだ、と嘉納は生徒たちの父母をはじめ、先輩・同輩の教師、周囲からも厳しく非難された。

日本の尊さを残したい

校長も嘉納を呼んで、柔術をやめるよう説得を試みたという。

「文明に逆行するような真似を、君ほどの人がなぜするのかね」

このとき、嘉納はただひとこと答えている。

「日本の尊さを残したいのです」

民族固有の文化を忘却した〝文明開化〟は、すべての日本的なすばらしさを失うことにつながりかねない、と嘉納はいいたかったようだ。

では、どうすれば己れの柔術が、後世に残るものとなり得るのか。

嘉納は学習院へ奉職するのと同時に、下谷北稲荷町《したやきたいなりちょう》（現・東京都台東区東上野）にあった永昌寺《えいしょうじ》へ寄宿。ここの書斎を道場として、天神真楊流《てんじんしんようりゅう》の絞技《しめわざ》、関節技などと、起倒流《きとうりゅう》の立ち技の統合を研究、真剣に技を練った。

——講道館柔道の、事実上の誕生である。

だが、嘉納には敵が多かった。学校以外にも存在した。

「学習院の先生が、柔術に首を突っこむのは道楽もはなはだしい。畳水練《たたみすいれん》や理屈柔術は武術家の恥だ」

日々の生活に困窮し、路頭に迷う武術家の多くも嘉納を敵視した。

嘉納は他流儀を学ぶ過程で、彼らと戦うことの避けがたい宿命を感じる。が、嘉納は逃げるわけにはいかない。あくまで己れの初志を貫こうとした。

「柔術を学ぶうちに、単に面白さのみならず、心身鍛練に効果のある修行だと、深く感ずるようになった」

のちに述懐《じゅっかい》する嘉納は、一方で、「然《しか》し元来、柔術は体育または知徳の教育を目的として起こったものではなく、勝負のために工夫されたもの」であり、これをより普及させるには、「更《さら》に幾分かの工夫を加える必要がある」とも考えた。

心技体の一致

嘉納は、日本武術に脈々と伝えられてきた〝心技体の一致〟の教えを三つに分け、これらが合致したとき「精力善用」「自他共栄」の「人間完成の道」が成る、と悟るに至った。

修心法（精神修養）――心
勝負法（武術）――技
練体法（体育）――体

嘉納自身はこの理想を、「大柔道《だいじゅうどう》」と称している。

そして、周囲の理解を求めつつ、ついに講道館柔道を創始するにいたった。

それでも当初は、世間一般になかなか講道館は認めてもらえず、柔術の新興一派としてしか見做されない。柔道の理想を世上に知らしめるためには、古流柔術と試合をおこない、その優秀さを証明するしか方法がなかった。

嘉納は、徹底した英才教育を門弟たちにほどこした。古流の修行によって、すでに頭角をあらわしていた若き柔術家を内弟子に引き抜き《スカウト》し、創意工夫した講道館柔道の精神と技法を、〝乱取り〟稽古のなかで練磨《れんま》させたのである。

講道館四天王とオリンピック

たとえば、西郷四郎《さいごうしろう》という会津《あいづ》（現・福島県会津地方）出身の若者がいた。

十七歳前後で上京し、〝陸軍大将〟を目指したがうまくいかず、受験勉強の過程で柔術を学び、天神真楊流の門にあったのを、嘉納がほれ込んで内弟子とした（富田常雄《とみたつねお》の小説『姿三四郎《すがたさんしろう》』の主人公の原型《モデル》といわれている）。

ほかにも西郷と同じ門下で、師範代をつとめていた横山作次郎《よこやまさくじろう》。小田原藩大久保家の武芸指南役の家に生まれた山下義韶《やましたよしつぐ》。さらに、古くからの嘉納家の書生で、嘉納の柔道完成にもっとも早い時期から助手をつとめた富田常次郎《とみたつねじろう》らがいた（常雄の父）。

この四人はのちに、〝講道館四天王〟と称されている。当時、日本武術界の最高権威であった「警視庁武術大会」で、古流柔術の強者《つわもの》を薙《な》ぎ倒《たお》し、連戦連勝の輝かしい講道館の歴史をつくったのは、おおむねこの四人であったといってよい。

嘉納は教師としての収入と翻訳の原稿料の中から、内弟子を養い、柔道普及のための、一切の費用を賄《まかな》わねばならなかった。

しかし彼は愚痴《ぐち》ひとついわず、己れの理想実現のため着実に布石を打っていく。

明治十五年（一八八二）、門人数わずかに九名であった講道館は、以降、学習院の生徒を取り込み、警視庁の柔術世話係を勝ち取るなどして、明治二十年には、伊豆の韮山《にらやま》（現・静岡県伊豆の国市）に分教場（支部）を開設。追々、各地に支部が開設され、ついにはアメリカ進出を果たした。

その結果、大正十五年（一九二六）には三万七千人の門人を擁するまでに至っている。

この急速な発展の裏には、旧来の目録—免許と進む柔術の成果を改め、級から段へ進む手順《システム》を考案し、しかも有段者には黒帯、初心者には白帯の区分方法を用いた点、さらには普及性の高い柔道衣の開発、他流武道（空手や杖術、棒術）の研究、試合方式《ルール》の制定など、涙ぐましいまでの徹底した考究の姿勢があった。

晩年、嘉納は揮毫《きごう》を頼まれると、いつも決まって、「力必達」としたためた。

——「力《つと》むれば必《かなら》ず達《たっ》す」と読む。

明治四十二年、アジア初の国際オリンピック委員会（ＩＯＣ）の委員に選出された嘉納は、昭和十三年（一九三八）に第十二回国際オリンピック大会を東京に招致するために、エジプトのカイロ総会へ出席の帰途、太平洋上の氷川丸《ひかわまる》で急逝した。享年は七十九。

そういえば、平成二十二年（二〇一〇）が彼の生誕百五十年であった。

怪傑ハリマオのモデルになった男　谷　豊

〝マレーの虎〟

昭和三十五年（一九六〇）四月五日から、日本テレビで毎週火曜夜七時半から、三十分間放映されていたテレビ映画『怪傑ハリマオ』は、前年四月の明仁《あきひと》皇太子（現・上皇）成婚をきっかけに、三百万世帯に達したテレビ登録世帯数を背景に、圧倒的な視聴率をあげていた。

〽真っ赤な太陽、燃えている
　果てない南の、大空に

三橋美智也《みはしみちや》の歌った主題歌とともに、番組は大ヒットした。

ところで、題名《タイトル》にある「ハリマオ」だが、これは馬来《マレー》語の「虎」の意であった。

主人公は頭に巻いた長いスカーフを垂らし、派手な開襟シャツを着て、サングラスをしていた。舞台はアジア各地だが、悪の組織と戦う主人公のハリマオは国籍不明の様子。

じつはこのハリマオには、原型《モデル》と呼べる一人の日本人がいた。谷豊《たにゆたか》である。

彼は太平洋戦争の開戦前後、英領マレー（現・マレーシア）で、日本陸軍の特務機関員として諜報活動に従事した人物であった。なぜ、彼が「怪傑ハリマオ」なのか。

「ハリマオ（虎）」はまさに、谷豊の愛称《ニックネーム》であった。

彼は昭和十七年、ひっそりとこの世を去るが、戦時下の新聞・雑誌はこの人物を放ってはおかず、格好の戦時英雄《ヒーロー》として仕立て上げ、愛国の英雄に祭り上げるべく、映画や浪曲などを使って、一種のハリマオ人気《ブーム》を創りあげた。

戦後のテレビドラマ（原作は山田克郎《かつろう》の小説『魔の城』）は、戦時下に次ぐ、二度目の注目《ブーム》といってよい。

ただし、「怪傑ハリマオ」と実在の谷豊は、思うほどには重なる部分をもっていなかった。

戦前の「南洋」を舞台に、その正体が軍関係者であった、という点を除いては。

むしろ、まったくの別人といった方がよかったかもしれない。

豊の父・谷浦吉《うらきち》は、明治十一年（一八七八）、福岡県筑紫郡曰佐《おさ》村（現・福岡県福岡市南区）に、農家の四男として生まれていた。

この人はなかなか、進取の気風にあふれた人であったようだ。若い頃、アメリカへ渡って理髪の技術を身につけ、一度、日本へ戻ってから、新加坡《シンガポール》（戦時中は昭南島《しょうなんとう》）へ家族を連れて移住した。現地で散髪屋をやろう、と考えていたようだ。

明治になって、それまで国を閉ざしていた日本では、〝文明開化〟の名のもと、海外への関心が高まり、外地に渡航する人々が増え、なかにはよりよい生活を求めて、海外に移住する人も少なくなかった。

浦吉がシンガポールに移ったとき、すでに長男の豊は生まれており、わずか六ヵ月であったという。シンガポールから谷一家は、マレーのクアラ・トレンガヌ（トレンガヌ州の州都）に移り、ここに落ちついている。

この地にはわずかながら、三十人の日本人集落があった。

――散髪屋を始めた浦吉の子・豊と、「怪傑ハリマオ」の像はなじまない。

浦吉はわが子に、日本での教育を受けさせるべく、豊が十一歳のとき、妹（浦吉の二女）のミチエとともに、福岡の実家へ帰国させ、尋常《じんじょう》小学校へ学ばせた。

豊は十六歳までを、福岡で過ごしている。

その後、マレーへ戻って、父の散髪屋を手伝うことになった豊は、昭和六年に二十歳を迎え、当時のすべての日本人男性に課せられた徴兵検査のため、改めて日本へ一時帰国する。このことが結果として、豊の人生を一変させることになってしまう。

狂い始めた歯車

「丙種《へいしゅ》合格」

つまり、一応は合格ではあるが、現役には適さない――要は軍隊には不必要、との検査結果であった。豊の身長が、甲《こう》種合格の基準＝百五十五センチに届かなかったようだ。

このことは、外地にあって日本男児たらんとする彼にとって、大きな不名誉となったように思われる。海外で物心がつき、日本を外から見つめてきた豊にとって、一時帰国して受けた初等教育とともに、自分は日本人である、との思いは、国内に生まれ育った普通の日本人以上に強烈なものがあったようだ。

それを、徴兵検査は否定したのである。

失意の中、しかたなく豊は実家近くの足袋工場でしばらく働いていたが、昭和九年の六月に、彼の母トミが子供を連れて、福岡へ帰ってきたことから、豊の人生の方向は大きく変わってしまう。これ以前、昭和六年にクアラ・トレンガヌで、父・浦吉が急逝していた。

母たちの帰国、ひいては豊の人生を一変させたのは、この父の死ではなかった。

二年後、昭和八年（一九三三）十一月六日、末妹の静子が、六歳で亡くなったことによる。彼女は殺されたのだ。この事件によって、谷家の生活は一変してしまった。殺人事件の背景は、およそ谷家の人々にとって、あずかり知らないところで発生していた。

昭和六年に、日本陸軍の関東軍が引き起こした「満州事変」＝中国大陸への露骨な武力侵略に対して、反発からか、

「日本人を皆殺しにしてやる」

と叫びながら、一人の中国人が包丁を片手に、クアラ・トレンガヌの日本人町へ乗り込んできたのである。幾人かの日本人が、この狂人に切りつけられて怪我を負ったなかで、自宅の二階で一人、風邪をひいて寝ていた静子が襲われ、惨劇が起きた。

犯人は逮捕され、極刑に処せられたというが、豊は納得しなかった。

妹の死をはじめて知った彼は、

「静子の仇《かたき》を討っちゃる」

と、家族の制止を振り切って、マレーへ戻った。このとき、二十三歳。

親戚中はそれ以前、豊の血の気の多いことを危惧し、何をしでかすかわからないから、と彼にだけは静子の死を内証にしていたのだが、母や弟たちが帰国してきては、そうそう隠し通すことはできなかった。

表向き散髪屋を再開した豊は、マレー人の友達、手下と呼ぶべき若者を使って、裕福な

華僑《かきょう》の家を襲う盗賊となった。これが彼なりの、妹の仇討ちであったようだ。

手下三千人——これはいささか装飾《オーバー》だと思われるが——を率いて、中国人の経営する商店に盗みに入るものの、多少なりの救いは、豊は決して人を傷つけず、店の商品陳列棚《ショーケース》を叩き割って、貴金属類をせしめ、証拠を残さずに消え去った。

その一方で、盗品の幾許《いくばく》かを貧しい人々に撒き与えた。義賊を気取ったのかもしれない。ただ、妙な人気を呼んだことは確かで、マレー、タイの人々は、いつしか豊のことを「ハリマオ」と呼ぶようになる。

現地の警察も、豊に犯人の目星をつけていたものの証拠がなく、手を出しかねていたようだが、ついには嫌疑が重なり、さすがに豊もトレンガヌ州に身の置き所がなくなって、姿を消すこととなった。タイへ流れた時期もあったようだ。

宝石泥棒に加え、列車強盗に金塊強奪といった規模《スケール》の大きな犯罪も、「ハリマオ」のやったことと伝えられるが、こうした犯罪の中には日本人への襲撃も含まれていた。

豊が同朋を襲ったのだろうか。伝えられるすべてが、彼によるものかどうか。模倣犯が出るほどの人気があった、といえるかもしれない。

日本軍への協力

そうこうするうちに、マレー半島へも戦争の足音が聞こえ始める。

昭和十五年（一九四〇）に入って、一人の男が豊の前へ姿を現す。神本利男《かもととしお》。

この人物は満州国境警備官を勤めた前歴があったが、一面、陸軍中野学校でスパイ技術を習得もしていた。

神本は表向き商社員としてタイに赴任しながら、その実は諜報活動に従事しており、その過程で「ハリマオ」の存在を知ったようだ。

長いマレーでの生活のためか、豊はすでに日本語が覚束《おぼつか》なくなっていたという。

だが、彼は懸命に目の前の日本人に訴えた。

「神本さん、私は決して、人さまに誇れるような生き方はしてこなかった。ですが、死ぬときは日本人として死にたい。どうか私に、死に場所を与えてください」

自らの生き方を、豊は猛省していたのだろうか。

マレーの女性と幾度か結婚し、イスラム教徒ともなっていた豊だったが、彼は彷徨《さまよ》う己れの魂を、一人の日本人として終わらせたかったのかもしれない。

昭和十六年九月、『F機関』と呼ばれる、秘密組織が発足した。藤原岩市《ふじわらいわいち》機関長が首領《リーダー》ゆえの、「F」であった。

藤原は豊の書いた、たどたどしいカタカナの日本文を、目にしたことがあるという。長い間の親不孝を許して欲しい、と母に述べた豊は、近いうちに単身、英領のマレーに入り、現地の人々を日本の味方にするべく、存分の働きをしたい、再び生きてお母さんに会えることはないと思いますが、どうぞ死ぬ前に、いままでの親不孝だけはお許し下さい。そういう意味のことが書きつづられており、これを読んだ藤原も思わず、もらい泣きしたという。開戦直前の日本軍のため、豊は食糧の備蓄を中心に、後方活動を行っていたようだが、昭和十六年十二月八日、日本陸軍はついにマレー侵攻作戦を開始する。

海軍は真珠湾攻撃へ、陸軍は南方作戦――マレー半島及びシンガポール（英領）、香港（英租借地）、フィリピン（米領）などの攻略、蘭印（オランダ領　現・インドネシア）を占領して、石油資源を確保するべく進軍を行った。

豊はこのマレー侵攻作戦とともに、密林の中へ諜報活動で入っていく。

逃げる敵が、橋梁《きょうりょう》を爆破して、日本軍の進撃を食い止めようとするのを阻止し、進撃路を確保すること。

あるいは、このおりの谷豊は、正義のためであったかどうかは別にして、日本人にとっては、「怪傑ハリマオ」そのものであったのかもしれない。

だが、活躍する豊はすでにこのとき、マラリアに苦しんでいた。しかし、日本陸軍の進軍は止まらない。彼も身を引きずるように、シンガポールを目指した。

豊は英軍内のマレー人たちへも内訌《ないこう》（内輪揉め）を働きかけ、日本軍への協力を説得したが、このおり皮肉なことに、かつての「ハリマオ」の異名がけっこう役に立ったという。おかげで、多くの日本軍協力者を得ることができた。

が、シンガポール攻略の最中、ついに倒れた豊は戦列を離れることに。マレーのジョホールバルの病院に入院、ここで彼は死線を彷徨《さまよ》うことになる。

昭和十七年二月十五日、シンガポールの英軍が降伏、このシンガポールの陥落により、市街の病院に移った豊は、三月十七日にこの世を去った。病気が治ったら、日本の官吏に正式に採用してもらえることを、唯一の楽しみにしていたという。

イスラムの墓地に、豊の亡骸《なきがら》は埋葬されたというが、その場所はいまだに不明のままである。

第二章

信義を貫く

己れの使命を生命懸けで全うした艇長　佐久間勉

教育勅語

日本では道徳・倫理の規範として、神・儒・仏を一体としたような「心学《しんがく》」が、人を育てる要素＝徳目として発展した。

「儒教」ではない、「儒学」といういい方に独自性があった。

「儒《じゅ》は柔《じゅう》なり、濡《じゅ》なり」（『説文解字《せつもんかいじ》』より意訳）というのがある。

儒学は「柔」＝おだやかな道を守ることをいい、決して目立ったいさましさを鼓舞したりはしない。「濡」（うるおす）とあるごとく、雨にぬれて大地が潤い、緑林が光り輝くように、しみじみ人々の心の襞《ひだ》に通っていく。

儒学には、即効性はない。が、その効果は明白であった。明治維新の英傑・西郷隆盛《さいごうたかもり》は、旧庄内藩士からの、国家にとって何が一番大切か、との問いに答えて、

節義廉恥《れんち》を失《うしなっ》て、国を維持するの道《みち》、決して有《あ》らず、西洋各国同然なり。

（『南洲翁遺訓《なんしゅうおういくん》』・別称あり）

と語り、人の上に立つ者が、利を争って義を忘れた姿を部下に示せば、部下はこれに倣《なら》い、人心はたちまち財利にのみ走るようになる。吝《けち》で卑しい風潮が日増しに激しくなり、節義廉恥の志を失い、父子や兄弟でさえ金銭の争いが起こって、相互に敵対視するようになっていく。いったんそうなれば、何を以《もっ》て国家を維持できようか――と、西郷は慷慨《こうがい》している。

〝節・義・廉・恥〟という徳目こそが、日本人を慈《いつく》しんできたことに気づき、慌《あわ》てた明治政府は、その空隙《くうげき》を埋めるべく「教育に関する勅語」を出した。

憲法発布の、翌明治二十三年（一八九〇）のことである。

今日、教育勅語などというと、軍国主義の根源のごとく忌み嫌う方があるかもしれない。たしかに、そのように利用された一面はある。が、そもそもこの教育勅語には、宗教・宗派の隔《へだ》たりがないという、世界で類をみない特徴があった。

そのため、自然科学の発達とぶつかることもなかったのである。

それがアジア・太平洋戦争を挟《はさ》んで、昭和二十三年（一九四八）六月十九日に失効となり、排除が国会で決議された。ところが、これは占領軍による命令ではなく、占領政策を忖度《そんたく》した日本側による自主的決議であったことを知る人は少ない。

考えてみれば当然のことで、「教育に関する勅語」が制定されたのは日清戦争の四年前である。当時の日本は、〝眠れる獅子《しし》〟と呼ばれていた大国清《しん》の前に、ただただ萎縮《いしゅく》していた。軍国主義や侵略に関する文言も無論、勅語には使われていない。

教育勅語の冒頭には、日本の皇室が永くつづいていることを述べたくだりはあるものの、天皇は戦後の憲法でも国民の象徴とされており、占領政策に反したものとはいえなかった。

国家への「忠誠」、親への「孝行」——以下、「友」、「和」、「信」、「恭倹《きょうけん》」、「博愛」、「修学」「習業」、「国憲」「国法」、「非常事態」——どの項目も、いずこの国家にも存在した徳目ばかりである。軍国主義へひた走った日本は、どこかで「教育に関する勅語」の精神を、歪曲《わいきょく》してしまったとしかいいようがない。

だが、道徳教育＝修身を否定したのはいかがなものであったろうか。

昭和の敗戦後、教育基本法は制定されたが、この法律には欧米系統の威圧感はあったものの、人間的な温かみがあったとはいいにくい。

佐久間艇長の遺書

——戦前、道徳＝修身の教科書が作られた。

第一期の明治三十七年（一九〇四）から、第五期の昭和十六年（一九四一）までの『尋常小学修身書』――その第二期以来、たえることなく採《と》りあげられた話に、次のようなものがあった（左は第五期のものより）。

明治四十三年の春、第六潜水艇《せんすいてい》は、演習のため、山口縣新港《けんしんみなと》沖へ出ました。午前十時、潜行を始めると、まもなく艇に故障が起《おこ》つて、海水がはいり込み、艇は、十四名の乗員を閉ぢ込めたまま、海の底深く沈んで行きました。

艇長海軍大尉《たいい》佐久間勉《つとむ》は、すぐに部下に命じて、海水のはいるのを防がせ、はいつた海水をできるだけ出してしまうやうにさせました。しかし、電燈は消えて、艇内は暗く、その上、動力を使ふこともできなくなつてゐ《い》たので、ただ手押しポンプをたよりに、必死の働きを續《つづ》けさせました。

どうしても、艇は浮きあがりません。母艦《ぼかん》が見つけて、助けに來《く》るかもしれないといふ、かすかな望みはありましたが、海上とのれんらくも絶えてゐるので、それをあてにすることはできません。そのうちに、わるいガスがたまつて、息がしだいに苦しくなつて來《き》ました。部下は、一人二人とたふれて行きます。もうこれまでと、覺悟《かくご》した艇長は、司令塔ののぞき孔《あな》からもれて來るかすかな光をたよりに、えんぴつで手ちやうに、ゆゐごんを書きつけました。

遺書には、第一に、陛下の艇を沈め、部下を死なせるやうになつた罪をわび、乗員一同が、よく職分を守つたことをのべ、またこの思ひがけないでき事のために、潜水艇の發達《はったつ》をさまたげるやうなことがあつてはならないと考へて、特に沈んだ原因や、そのやうすを、くはしくしるしてあります。

次に、部下の遺族についての願ひをのべ、上官・先輩・恩師の名を書きつらねて別れをつげ、最後に「十二時四十分」と、書いてありました。

艇が引きあげられた時には、艇長以下十四名の乗員が最後まで職分を守つて、できるかぎりの力をつくしたやうすが、ありありと殘つてゐました。遺書は、このとき、艇長の上着から取り出されたのでした。

以前は「沈勇」（第二期、第三期）、「職分」（第四期）との題で掲載されていた。

驚くのはこの佐久間艇長が殉死した時、彼は三十二歳でしかなかったことである。

日本海軍の誇り

明治十二年（一八七九）に福井県三方《みかた》郡八村《やむら》（現・福井県三方上中《かみなか》郡若狭《わかさ》町）に生まれた

佐久間勉は次男坊で、公立明倫《めいりん》小学校から尋常科小学校へ、さらに高等小学校（修業年限四年）を経て、福井県尋常中学校小浜《おばま》分校へと進んだ。

明治三十年には成績優秀により特待生となり、この年、合格が難しい海軍兵学校を受験。全科目を通過したものの、受験生が多すぎて、結果、不採用になったという。

それでも海軍への志は変わらず、海兵受験の名門・攻玉社《こうぎょくしゃ》海軍中学校四年に転入学し、翌年、再度受験して、ついに海軍兵学校生徒となった。

卒業後、海軍少尉候補生として「比叡《ひえい》」に乗り組んだ佐久間は、三年後の日露戦争に従軍。この年七月、海軍中尉となって翌年五月の日本海海戦にも参加している。

海軍大尉に任ぜられ、第一潜水艇隊艇長に補されたのは、明治三十九年九月のこと。以来、潜水艇の開発・研究に従事。明治四十二年十二月に、国産初の第六号潜水艇に転乗となる（当時の日本の潜水艇は九隻のうち、七隻までが米・英製）。

前年に結婚した佐久間はこの年、長女の輝子《てるこ》を得るが、その生命《いのち》と引き換えるように、妻と次の子を失ってしまう。職務上、長女を独りで育てられない佐久間は、断腸《だんちょう》の思いで長女を里子に出し、己れの職場へ戻った。国産潜水艇は当時、〝ドン亀〟と呼ばれ、技術後進国の日本が製造したこともあり、その性能は低く、操縦は極めて難しかった。それだけに、熟練の佐久間の存在は大きかったともいえる。

事故が起きたのは、久しぶりに休暇を得て、佐久間が長女と会った二週間後のことであった。明治四十三年四月十五日、佐久間艇長以下十四名の乗組員は、第六号潜水艇で潜航の訓練をおこなっていたところ、故障《トラブル》が発生した。六号艇は海水の侵入により、そのまま海底へと沈んでしまう。引き揚げられたのは、遭難二日後の四月十七日――。

むろん、生存者があろうはずもなかった。

昇降の扉《ハッチ》を開くに際して、海軍は遺族たちをも遠くへ退け、ごく少数の関係者のみに立ち入りを許可している。なぜか。以前、欧米諸国においても同じような潜水艇の沈没事故が起きたが、そのおり、乗組員はわれ先に出入口《ハッチ》に殺到したまま、折り重なるように息絶えていた前例があったからだ。そうした悲惨な状況――軍人としては、見苦しいとも受け取れる姿を、遺族に見せまいと配慮してのことであったという。

ところが第六号潜水艇の出入口に、乗組員の姿はなかった。

佐久間艇長以下十四名は全員、各々の持ち場についたまま息絶えていた。

死の寸前まで、各々の職分を全うした彼らの死に方は、次の日から全国へ新聞をもって伝えられ、国民は大いに感動にむせび泣いた。その涙もかわかぬ二十日付の新聞紙上に、艇内から粗末な手帳二冊が発見され、そこに書き留められた佐久間の遺書が報じられたのである。

遺書の反響

当時、入院中の文豪・夏目漱石《なつめそうせき》はこの遺書の写真版を人からもらい、「文藝《ぶんげい》とヒロイック」というエッセイを書き、反戦歌人として脚光をあびていた与謝野晶子も、

　海底の水の明《あか》りにしたためし　永き別れのますら男《お》の文

など、挽歌《ばんか》を十首余り詠《よ》んだ。

この遺書の反響は凄《すさ》まじく、亜米利加《アメリカ》では国会議事堂の大広間にかかげられるに及んだという。時代は日露戦争が終わり、第一次世界大戦へとなだれ込もうとするおりであった。

佐久間の遺書は軍人精神昂揚《こうよう》のため、あるいは時勢に利用された観がなくもない。

だが、この遺書を繰り返し読んでみると、最悪の情況のなかで、懸命に遺書を認《したた》めたその人の〝心〟が明らかになってくる。

以下、佐久間艇長の遺書である。「明治」の時代を念頭に置いて、ご一読いただきたい（句読点、一部著者改編）。

佐久間艇長遺言

小官《しょうかん》ノ不注意ニヨリ陛下《へいか》ノ艇ヲ沈メ部下ヲ殺ス、誠ニ申訳無《もうしわけな》シ、サレド艇員一同、死ニ至ルマデ皆ヨクソノ職ヲ守リ沈着ニ事ヲ處《しょ》セリ。
我レ等ハ国家ノ為《た》メ職ニ斃《たお》レシト雖《いえど》モ唯《ただ》々遺憾《いかん》トスル所ハ天下ノ士《し》ハ之《これ》ヲ誤リ以《もっ》テ将来潜水艇ノ発展ニ打撃ヲ與《あた》フルニ至ラザルヤヲ憂《うれ》フルニアリ。
希《ねがわ》クハ諸君益々《ますます》勉勵《べんれい》以テ此《こ》ノ誤解ナク将来潜水艇ノ発展研究ニ全力ヲ盡《つ》クサレン事ヲサスレバ我レ等一《いつ》モ遺憾《いかん》トスル所ナシ。
佐久間はついで「沈没ノ原因」を詳細し、「沈据《ちんきょ》後ノ状況」、ついで「公遺言」に及ぶ。
謹《つつし》ンデ
陛下ニ白《もう》ス、
我部《わが》下ノ遺族ヲシテ
窮《きゅう》スルモノ無カラシメ給《たま》ハラン事ヲ、
我ガ念頭ニ懸《かか》ルモノ之《こ》レアルノミ（以下省略）
「十二時三十分、呼吸非常にクルシイ」「十二時四十分ナリ」――。
記述はここで途絶えていた。

「民生委員制度」を作った福祉知事　林 市蔵

夕刊売りと大阪府知事

──政治の混迷が、令和の時代もつづいていている。

もはや政治とは何か、がそもそもわからなくなっているのではあるまいか。

思い出す手がかり《ヒント》はある──たとえば、〝美談〟と呼ばれるものから、政治を見直すのだ。

もっとも、世に〝美談〟と称されるもののなかには、いかがわしさを感じさせるものも少なくない。史実と突き合わせて、色褪《いろあ》せない〝美談〟を求める。

ここに〝美談〟の極致ともいうべき、実話が存在した。

地方行政がまだ可憐であり、官吏たちが庶民に〝公僕〟として、一生懸命に尽くしていた頃のこと。大阪府十五代知事・林市蔵《はやしいちぞう》にまつわる話である。

大正七年（一九一八）、秋も半ばの頃であった。

大阪市内は淀屋橋《よどやばし》（現・大阪市中央区）──その路面電車「市電」の停留所近くに、一

林市蔵画像　国立国会図書館デジタルコレクション

軒の理髪店があり、林は散髪してもらいながら、何気なく鏡に映る窓越しの、外の風景を眺めていた。

ちょうど、米騒動のあった直後である。

暴動はやみ、戒厳令は解除されたとはいうものの、物価は日を追って上がるばかりで、大阪府はその救済処置として、府内の篤志家《とくしか》の寄付を得、米の廉売《れんばい》（安売り）を各地でおこなっていた。

林はその廉売場をのぞきにいった帰りであったのだが、窓越しに見える市電の通りに、先ほどから夕刊売りをしている母子の姿が気になってしかたがない。

見れば四十格好の婦人が、背に幼児を負い、秋だというのに洗いざらしの絣《かすり》の浴衣《ゆかた》を着て、かたわらにずっしりと重そうな夕刊を抱えて佇《たたず》んでいた。

市電が停まるたびに、婦人は停留所近くに駆け寄り、

「夕刊、夕刊」

と呼ばわっているようだが、その姿は心なしか、土佐堀川《とさぼりがわ》の風の寒さに、震えているよ

うにも見えた。

理髪店を出た林は、母子に近づき、何枚かの新聞を買い求めながら、さり気なく尋ねた。

「夕刊を売って、一日どれくらいになるのかね」

婦人のいうところによれば、一つ先の停留所近くで、同じく夕刊を売る二人の子どもの分と併せても、ようやく四十から五十銭ほどにしかならないという。当時の、うな重（並）一人前の代価である。二人の子どもは八歳と十歳、ともに小学生であった。

「主人が病気で寝込んでしまい、働かねば食べていけませんので、かわいそうですが学校を休ませております」

しばらく話すうちにも、秋の陽《ひ》はつるべ落としであった。

やがて林は淀屋橋を渡ると、橋畔の交番に立ち寄り、自らの身分を明かして、

「あの夕刊売りの母子の、身元を調べてほしい」

と巡査に依頼した。

翌日、知事室の林の机上に、母子の身元を調べた報告書が置かれてあった。

林がその報告書に触れると、報告書はところどころで濡れていた。一読して林は、それが調べに当たった巡査の、涙であることに思いいたった。

婦人は、北区本庄葉村町（現・大阪市北区中崎町）に住む沖仲仕《おきなかし》（港湾労働者）の妻で三十五歳。四十二歳の夫が病気となり、日々一円二十、三十銭の稼ぎが入らなくなり、二男二女の子を抱え、一家は貧困の極にあった。

家財道具はすべて売り尽くし、着るものとて着替えのないありさま。電灯料金も払えなくなってからは、薪炭《しんたん》さえない生活で、湯を沸かすことすらできないでいるという。

そしてはじめたのが、婦人と子ども二人による夕刊売りであった。

幼い長女を寝たきりの夫に預け、下の乳飲み子をおぶって、婦人と二人の男の子は夕刊売りに出たのだが、それでも母子の稼ぎは、ほとんど夫の薬代に費やされ、残るわずかな金がようやくパン代に充てられていた。

林は報告書を読み終えると、考え込んでしまう。

（府下の多くの社会事業が、どうして、このような困窮者を見落としているのか）

林にはどうしても、理解ができなかった。

婦人の家の近くには、済生会《さいせいかい》（社会福祉団体）の大阪病院もある。小学校にも貧困家庭に対する、授業料免除の道が講じられていた。にもかかわらず、どうして……。

真の意味での社会事業

林には、婦人の一家がこうした救済機関を利用しない理由が、皆目わからなかった。

その時である。

「そういえば――」

と、ふと林は、米の廉売場を視察したおりの光景を思い出した。

ある家族は、夫と妻とその子ども三人で、一人三升《しょう》（約四・二キロ）制限の廉売を、併せて一斗五升（約二十一キロ）――制限いっぱいに買っていった。

ところがある老婦人は、幼い孫の手を引いて会場へ来たものの、なぜか急に孫を激しく叱ると、目にいっぱい涙をためて、来た道を引き返して行く。

あとを追って理由を尋ねると、廉売と知ってどうにか一升分の三十五銭をかき集め、長い道のりをやって来たのだが、孫がその大切な金を、途中で落としてしまったのだという。

「これで米の飯は、当分食べられない」

林は、考え込まざるを得なかった。

米の廉売は、一斗五升もの米を買える財力のある者のために実施したのではない。三十五銭のために、かわいい孫を叱り、涙する老婦人とその孫のためにこそ、必要なはずだ。

なのに、米はそうした貧しい人々のもとへは届かない。

ほかの社会事業にも、このような理不尽が多く潜んでいるのではなかろうか。

夕刊売りの母子、しかりである。母子は、廉売米さえ買うことができないではないか。

おそらくは、米代に充てる三十五銭も自由にならないにちがいなかった。

とすれば、社会事業はいったい何を、そして誰を救済しているのか。そこには、救済を必要とする者のすべてに、救済が行き届かない欠陥が、きっとあるはずだ。

林は今日まで、大阪府下の社会事業を誇りに思ってきたことが、いまさらのように恥ずかしくなった。知事として、一人の人間として、林は悩んだ。どうすればいいのか、と苦慮するうちに、ようやく一つの、ごくごく当たり前のことに思いいたった。

「救済の前に、実態を知る必要があるのだ。実態を正しく把握せずして、いくら施しをおこなっても、それは善政とはならない。何よりもまず、調査が先決であった」

つまり、母子たちが救済を受けられなかったのは、彼らに依存心がなかったからである。それ自体は立派なことだが、それを知らせずして、みすみす善良な市民が困窮するのを放置していることは、行政として許されるべきことではない。

炊き出しをして、貧窮の一母子を温かく迎えるのは善意かもしれないが、広く救済の手立てを講じるのも、また真に〝公〟の意義あることではあるまいか。

林は「知事」という為政者《いせいしゃ》ではあっても、善意家ではなかったのだから。

林の得た結論＝社会事業における、対象者の実態調査機関設置が、やがて「方面委員制度」の発足へとつながった。

昭和十四年（一九三九）、林は知事を退いてからも、大阪の方面委員の顧問としてその指導、普及に当たった。また、庶民信用組合の頭取として、防貧事業にも参加している。

方面委員は、大正六年に岡山県で設置された「済世《さいせい》顧問制度」と相まって、昭和に入ってから全国へ普及。

戦後、呼び名は「民生委員制度」と変わったが、この制度によって救われた家庭は、枚《まい》挙《きょ》に遑《いとま》がない。

だが、どのように優れた制度も、時代の流れにはいつしか適応能力を減ずるものだ。

要は、常に政治家を含め多くの人々が、「惻隠《そくいん》の心」を持ちつづけることができるかどうか、ではあるまいか。

鹿鳴館に咲いた名花　大山捨松

サムライの娘

日本最初の、女子留学生五人の一人に、末妹の咲子《さきこ》が選ばれた時、十五歳年長の、長兄の山川浩《やまかわひろし》（大蔵《おおくら》）は、

「よいか、亜米利加《アメリカ》仕込みの教育で身を立て、後日、薩長の成り上がり者共をかならず、見返してやるのじゃぞ」

おそらく、語気を強めてそう言ったに違いない。

しかしその母・唐衣《からころも》は、幼いわが娘を異国に旅立たせる切なさを、懸命に抑えつつ、これがお前との、永《なが》の別れとなるかもしれない。私はお前を捨てたつもりでアメリカにやるが、お前がお国のために立派に学問を修めて、帰ってくる日を、毎日待っていますよ、との願いをこの二字に込め、娘の幼名の「咲子」を「捨松《すてまつ》」と改名して、送り出している。

留学生活を十二年、アメリカに暮らした捨松だが、その旅立ちには、きわめて屈折した

郷里の事情があった。彼女は万延《まんえん》元年（一八六〇）二月二十四日、山川重固《しげかた》・唐衣夫婦の二男五女（二葉《ふたば》・浩・三輪《みわ》・操《みさお》・健次郎《けんじろう》・常盤《ときわ》・咲子）の、末娘に生まれていた。

父・重固は、咲子（捨松）が生まれる前に、四十九歳で亡くなっていたが、彼女の生活は恵まれたものであったろう。なぜならば、重固の父・重英《しげふさ》が会津藩の勘定奉行に抜擢され、家老に栄達した人物であり、山川家は一千石取りであった。

現役を退いても、重英は存命していたのだから。

「ならぬことはなりませぬ」

厳格な「会津魂」で磨きぬかれたこの藩は、三代将軍徳川家光《いえみつ》の舎弟・保科正之《ほしなまさゆき》を藩祖とし、教育水準のきわめて高い、武士道の意識にもことのほか徹底していた。

捨松の長兄の浩は、二十三歳で家老に就任している。

だが、彼が家老となり、藩の軍事を総括した時、会津藩は戊辰《ぼしん》戦争でもっとも悲惨な、籠城戦を戦うことになった。祖父重英と白虎隊《びゃっこたい》に編入された健次郎につづいて、山川家の女たち――母・唐衣と長女の二葉、三女の操、四女の常盤、五女の咲子（捨松）――も鶴ケ城《つるがじょう》（現・福島県会津若松市）へ入城する。咲子はこのとき、八歳であった。

彼女は官軍の攻城用大砲により、爆裂した砲弾によって、首をやられ、九死に一生の恐ろしい思いも体験していた（このとき、兄・浩の妻＝義姉とせは出血多量で絶命している）。

明治元年（一八六八）九月二十二日、鶴ヶ城は無念の開城となり、城中の人々一千七百名は謹慎生活につづいて、明治二年十一月、本州最北端の地＝旧南部領の斗南《となみ》三万石をあてがわれ、この地に移住し、生死の境をさまよう生活を送ることになる。

幸い咲子は、兄・浩のはからいで、箱館《はこだて》（現・北海道函館市）にいた坂本龍馬《さかもとりょうま》の父方の縁者で、ギリシャ正教会宣教師の沢辺琢磨《さわべたくま》のもとに預けられ、さらに仏国《フランス》人の家庭に引き取られて暮らしていた。斗南の地獄のような生活に比べれば、箱館の生活ははるかに人間らしいものであったといえる。

一方、〝国賊〟扱いをされた旧会津藩士たちは、薩長藩閥の新政府から、はじき出されてしまった。明治の世で立身出世するには〝学問〟しかなかったが、藩も山川家もかつての生活ではなくなっていた。

サンフランシスコへ留学

ところが明治二年（一八六九）の七月、北海道に「開拓使」が設置され、これにすがるように、咲子の次兄・山川健次郎がアメリカ留学に選ばれた（エール大学初の日本人卒業生となる)。その縁で、咲子も二度目の募集に間に合い、五人の女子留学生の一人となったわけだ。ときに、十二歳。

サンフランシスコに到着した彼女たちは、熱烈な歓迎を受ける。

使節団には、駐日公使デロング夫婦に連れられて五人の娘達が同行している。全員サムライの娘達だそうだ。使節団の男性と比べるとはるかに顔立ちが良く魅力的である。〈中略〉この五人の娘達は、日本の国を出た最初の身分の高い女性である。

（久野《くの》明子著『鹿鳴館《ろくめいかん》の貴婦人　大山捨松』以下、引用文は同じ）

年長の吉益《よします》亮子と上田悌子《ていこ》（ともに十六歳、二人の父は外務省の役人）は、知事官邸の舞踏会に招待され、記者団に、

「こんなすばらしい世界が、この世にあるとは夢にも思いませんでした」

と、アメリカの第一印象を述べていた。

ちなみに、この二人は五人のうちで最初に体調不良をおこし、翌年の十月に帰国している。吉益は明治十八年、京橋に「女子英学教授所」を創設し、五人の女子留学生の一人・津田梅子《つだうめこ》同様、女子教育に先鞭をつけたが、コレラに罹り、その翌年、短い生涯を閉じている。上田は帰国後、医師・桂川《かつらがわ》甫純《ほじゅん》と結婚して家庭に入った。

残された三人のうち、捨松は紆余曲折の末、コネティカット州ニューヘイブンのレオナルド・ベーコン牧師の家に、永井繁子《しげこ》（捨松より三歳年下）も同じ州のフェアヘイブンのジョン・アボット牧師の家に滞在することになる（津田梅子はチャールズ・ランメン夫婦のもとに預けられた）。

彼女たちは礼儀作法から英語、ピアノ――一般教養をまず学び、捨松は三年後の明治八年、男女共学の公立高校ヒルハウス・ハイスクールに入学した（永井は引き続きアボット氏の教育を受けた）。三年間学び、永井とともに名門の女子大学ヴァッサー・カレッジに進学。捨松はここで、「私の生涯で一番幸福で希望に充ちた四年間」の寮生活を送っている。

カレッジに入学するまで、兄の健次郎が毎週日本語のレッスンをおこなったという。

健次郎は妹の洗礼を警戒していたが、皮肉にも明治六年二月、日本政府がキリスト教を容認。これを受けて同九年、捨松は洗礼を受けている。

これも蛇足ながら、「総明で詩的な雰囲気を持った、美しいユダヤ人のような」彼女は、アメリカの大学における、アジア初の学位取得女性となった。

優秀な成績であり、「シェイクスピア・クラブのメンバーで、英文学で受賞したこともある名エッセイスト」として、卒業生代表十人の一人にも選ばれている。

捨松はわずかな歳月で、サムライの娘から国際的教養を持つ女性へと変貌を遂げていた。

「イギリスの日本に対する外交政策」と題する講演を堂々とおこない、イギリスの政策を徹底的に非難。あまりの素晴らしい内容に、拍手喝采が途中で幾度も起こり、その都度、講演を中断しなければならなかったという。

明治十五年六月、同校を卒業した捨松は、翌七月から二ヵ月、ニューヘイブン病院付属のコネティカット看護婦養成学校で、衛生学などの基礎を学ぶ一方、病院実習も体験している。

一年前、永井繁子も含む三人に、開拓使から帰国命令がくだったが、捨松と、私立女学校のアーチャー・インスティチュートに在学中の梅子は、卒業が一年後であったため留学期間を一年間延長してほしいと願い出、許可を受けたが、捨松と同じヴァッサー・カレッジに音楽専攻の特別生として在学していた永井繁子は、特別生が学位授与の対象外であり、健康がすぐれなかったこともあって、そのまま帰国する。

彼女はヴァッサー在学中に、アナポリス海軍兵学校に留学していた瓜生外吉《うりゅうそときち》（のち海軍大将）と知り合い、帰国後に婚約、結婚している。

帰国後の捨松

明治十五年（一八八二）、足かけ十二年の留学を終えて捨松と梅子は、ニューヨークを経由して帰国。このとき捨松は二十三歳、梅子は十九歳であった。

しかし、二人を待っていた日本は、このけなげな女子二人に対して、何らその経歴《キャリア》を活かすべき地位《ポスト》を用意してはいなかったようだ。

北海道の開拓使が廃止され、管轄の移った文部省の対応に失望した捨松は、自分の家でまず英語の個人教授を始めようとした。ゆくゆくは学校を開こうと考えたのだが、一年早く帰国し、東京帝国大学物理学教授となっていた兄の健次郎の反対にあって、この計画は潰されてしまう。日本の実情が、欧米の国々より大きく立ち遅れており、女性の自立どころか、職すらない時代であった。勢い、女性は適齢期に結婚を勧められた。

捨松はヴァッサー時代のシェイクスピア・クラブの経験を活かし、「英語演劇倶楽部」を結成、日本人の啓蒙を企画するが、明治十六年一月、このクラブが益田孝《ますだたかし》（三井物産の創業者、日本経済新聞の前身・中外物価新報の創刊者）の屋敷で『ベニスの商人』を上演したおり、招待客の一人であった陸軍卿・大山巌《いわお》が、ポーシャ役の捨松の美貌と教養の深さに魅せられた。彼は明治政府の、主要人物の一人であった（西郷隆盛の従兄弟）。

二人の年齢差は、十七。しかし、大山もこの時代、数少ないヨーロッパ留学経験者であり、捨松の留学経験が理解できる人物であった。この前年の八月、彼は夫人の沢子《さわこ》を亡くしており、子供三人が残されていた。

今一番やらなければならないのは、社会の現状を変えることなのです。日本では、それは結婚した女性だけができることなのです。（明治十六年三月十九日付、捨松の手紙）

捨松の意識は、日本の現状を考え、変化しはじめていたが、大山との結婚に伴う問題は、年齢、先妻の子供だけではなかった。もっとも大きな障害は、大山が薩摩藩出身者であり、旧会津藩家老の山川家にとっては、まさに不倶戴天の敵であったことだ。

猛烈な反対が山川家から出された。この説得にあたったのが、西郷従道《つぐみち》（隆盛の弟）であった。徹宵《てっしょう》の説得がおこなわれ、山川家では捨松が承諾するなら、との条件で折れるところまできた。彼女は大山の人となりが納得できたなら、と返事をし、約三ヵ月間の交際をおこない、幾度かデートを重ねた。

十分考えたうえで私は決心したのです。そして、今私は自分のしたことが正しかったと思っています。

大山氏はとても素晴しい方で、私は自分の将来を彼に託すことにしました。〈中略〉

私は今、未来に希望がもてるようになりました。自分が誰かの幸せと安心のために必要とされていると感じられることは、ともすれば憂鬱《ゆううつ》になる気持を癒《いや》してくれる何よりの薬となりますし、私に勇気を与えてくれます。（明治十六年七月二日付、捨松の手紙）

鹿鳴館で社交デビュー

明治十六年（一八八三）十一月、捨松は大山巌と結婚した。

ちょうど、帰国一年後のことである。

彼女の生活は一変した。陸軍卿夫人となった捨松は、結婚の二十日後、開館した「鹿鳴《ろくめい》館《かん》」（二人が披露宴を挙行した場所でもある）に、華麗なる社交初登場《デビュー》を飾ることになる。

日本が欧米先進国に、決して遅れていない、と呼び掛け《アピール》するための洋館で、連日、内外の要人とその夫人が集い、欧米に倣《なら》った舞踏会が開催された。しかし、欧米の洗練された作法《マナー》、語学のできる女性は少なく、捨松はその牽引役を果たすことになる。

津田梅子にその生き方を批難された捨松だったが、ようやく自らの日本国における役割、使命を見つけた彼女の生活は、それなりに輝いていた。

夫となった大山も茶屋遊びはせず、妾《めかけ》も囲っておらず、愛妻家であり、一種理想的な夫であって、この面でもアメリカ生活をしてきた捨松には、嬉しかったのではあるまいか。だが、鹿鳴館は七年で終焉を迎え、目的とした条約改正交渉も失敗。その反発もあって、捨松は一転、事実無根の不倫のうわさや離婚の記事を新聞に書き立てられ、大いに傷つく。

そんな彼女をなぐさめ、勇気づけたのはかつての留学生仲間であり、三十七歳の津田梅子が私塾女子英学塾の創設をなしとげた時、捨松は四十一歳になっていた。

捨松はこの学校の顧問を引き受け、生涯、裏方に徹して梅子を支援、女性の地位向上と社会活動への参加を促進し、とりわけ日米親善に力を注いだ。

日本赤十字社に働きかけ、有栖川宮妃をはじめ皇族・華族の夫人たちを説き、「日本赤十字社篤志《とくし》看護婦会」を設立したのも捨松であった。

大正八年（一九一九）二月十七日、彼女は六十歳でその生涯を閉じた。

留学から帰朝してのち、捨松は一度も会津の地を訪れていない。

この地に生まれ、戦火に遭遇し、十二年に及ぶアメリカ生活を経験して帰国、結婚。彼女は自らの人生を、どのようにふり返りつつ、この世を去っていったのだろうか。

東条英機に反抗した無名の偉人記者　吉岡文六

不屈の新聞人魂

昭和二十一年（一九四六）三月一日、廃墟と化した東京の一隅で、一人の新聞記者がひっそりとこの世を去った。名を吉岡文六《よしおかぶんろく》。享年、五十（日本国憲法発布までは、数え年）。

おそらく、彼の名を知る人は稀であろう。吉岡の後輩の言葉を借りれば、「人間として刻みの深い人で、鋭角的な人柄であると同時に、非常に愛情豊かな人」であったらしい。

かつては、きびきび（引き締まっていきいき）した中国観と絢爛たる筆致で、新聞の紙面をかざっていた。が、なによりも「吉岡文六」を敬愛する人々にとって、この人物が忘れがたかったのは、アジア・太平洋戦争の最中に、かの東条英機《とうじょうひでき》に臆することなく、真正面から生命《いのち》を懸けて新聞啓蒙活動《プレス・キャンペーン》を展開したことであった。

ときの東条は首相、陸相、軍需相を兼ね、さらに陸軍参謀総長の要職にもあった。

日本の敗戦は色濃く、大衆情報伝達活動《マスコミュニケーション》関係者は、このままでは日本が崩壊する、と危惧しながらも、事実を書く勇気がなかった。報道すれば間違いなく、東条に抹殺される、との思い込みがあったからだ。新聞記者は口を閉ざし、言論、報道の使命に目をつむった。

一方の東条は、いよいよ〝一億玉砕〟を国民に要求、本土決戦の非常時宣言を発する準備を始めていた。誰かが今、真実を国民に告げ、東条の独走に抑制《ブレーキ》をかけねばならない。なんとか、手遅れにならないうちに――。

「やろう……、うちで啓蒙活動《キャンペーン》を……」

毎日新聞の編集局長で、政治部長を兼ねていた吉岡は決断した。

脳裏をちらりと、重い腹膜炎で入院している妻の姿が過《よぎ》る。キャンペーンを張れば、おそらく社を去らなくてはなるまい。明日から生活に窮し、妻の治療費も払えなくなる。それればかりか、東条の力をもってすれば、わが身も最前線の戦場に送られることが充分に考えられた。

しかしここで何もしなければ、自分は新聞《マスコミ》の人間として、今日まで生活してきたことの誇りと、心の支えを失ってしまう。

「いまだかつて時の政府に媚びることなく、いまだかつて時の風潮に阿《おもね》ることなく」

「――時に或《あ》るいは政府の忌諱《きい》にふるることあるも、期するところは国家の富強隆盛にあり」

かつて毎日新聞三代社長を務めた原敬《はらたかし》は、「読者に告ぐ」で呼びかけたではないか。国家が滅亡しようとしているのだ。個人の生活にのみ、固守していてはいけない。

吉岡は編集局次長、主筆、論説委員の三人を呼び、悲壮な決意を告げた。

彼らの同意が得られなければ、現場として許諾《ゴーサイン》の合図は出せない。三人は面《おもて》を伏せ、しばらく目を瞑《つむ》った。

皆、妻や子がいる。

三人は唾をのみこみ、震える声で細く答えた。

「やりましょうか……」

吉岡も含め、彼らとて普通の人である。やはり恐かった。けれど、この大事を成さなければ、読者に、国民に顔むけができない、とその思いのほうが、わずかに勝《まさ》ったのだ。

生命を懸けて国民に真実を

だが、最初に記事を依頼した外務省関係者には断わられた。

結局、陸軍の検閲を通さずに発刊する必要もあり、海軍記者倶楽部《クラブ》に所属していた、報道の長《キャップ》・新名丈夫《しんみょうたけお》が筆を執ることになった。

吉岡は事前に、同郷の高木惣吉《そうきち》海軍少将に協力を求め、事件にかかわった同僚や部下が、できるだけ被害をこうむらないように、と可能なかぎり手を打っている。

灯火管制された暗い電灯の光の下で、新名は筆を走らせた。

吉岡はその後ろ姿を見つめながら、ああこれで俺は死ぬかもしれないな、日本の歴史と伝統ある新聞社を巻きこんでしまった。ことによれば新聞社は潰され、多くの社員とその家族を路頭に迷わせるかもしれない、なんという、恐ろしいことをしたのだろう。

今さらながら、自分の決断の重大さに震えた。

おりよくこの日、社の重役全員が会議のため不在であった。

経営陣が社内に、ひとりでも残っていれば、この企ては成功しなかったかもしれない。

昭和十九年（一九四四）二月二十三日付朝刊、ついに賽《さい》は投げられた。

第一面、東条英機の非常時宣言の記事をかこむように、〝皇国存亡の岐路に立つ〟〝勝利か滅亡か〟〝戦局は茲《ここ》まで来た　眦《まなじり》決《けっ》して見よ、敵の鋏状侵寇《はさみじょうしんこう》〟（東からはアメリカ、西からはイギリスと鋏ではさまれるように攻撃される状況）の見出しが載った。

そして、新名の名文が中央に——、

「竹槍では間に合わぬ、飛行機だ、海洋航空機だ」

国民は初めて、戦況の絶望的な真相を知らされた。

この朝刊をみた東条は激怒し、新聞社の首脳部を呼びつけると、新聞廃刊、会社の解散も辞さず、といった口調で、首謀者の追及を厳命した。

吉岡は待命休職となった。新名が東条に生命《いのち》を狙われたことは、彼の手記に詳しい。

「春聴――春のように聴《ゆる》すのです。黙殺、憫殺《びんさつ》、笑殺などはいたしません。テヘーッ、人生はそれでよいのです」

これは生前、吉岡が妻に出した手紙の一節である。

第三章

意思を強く

末世を切り拓いた創造者　運慶

時勢とともに

「時流に乗る」

といえば、時勢におもねることだ、と早合点《はやがてん》する人が少なくない。

が、これはとんでもない誤解である。この言葉の意味を、中国の代表的文人である楊雄《ようゆう》に問えば、彼は自作の「解嘲《かいちょう》」にある、次のくだりを述べたに違いない。

「為すべきを為すべき時に為せば、則《すなわ》ち従《じゅう》。為すべからざるを為すべからざる時に為すは、則ち凶《きょう》」（『文章規範《ぶんしょうきはん》』所収）

意味は明白である。しなければならないことをしっかりとすれば、これは時を得たものであるから従＝すなわち、万事が順当にいく。反対に、してはならないことを、しかも機会《タイミング》の悪い時にすれば、ことのなりゆきは凶となり、必ず失敗するだろう。

この時流に乗る吉凶を、しみじみと語りかけてくれるのが、仏師《ぶっし》・運慶《うんけい》であった。

そのむかし、平安末期から鎌倉の初期にかけて、神社仏閣に仏像を刻《きざ》んだ仏師は数多《あまた》いた。が、日本文化史に大きな足跡を残した者となれば、やはり運慶であろう。

この仏師は全身に霧を纏《まと》ったように、その生涯の大半が謎につつまれていた。なにしろ生年もわからず、父・康慶《こうけい》の名のみが伝えられていて、母の名も不詳のままである。

残された手掛りとしては、京都の六波羅蜜寺《ろくはらみつじ》に現存する「運慶の像」と称される、木像僧形《そうぎょう》の坐像のみ。やや尖《とが》った頭頂に頑丈な体軀《たいく》、数珠《じゅず》を指にからませ、「法眼《ほうげん》」（第二位の僧位）を許されながら、漂う朴訥《ぼくとつ》な風韻《ふういん》はどうみても一介の職人にしかみえない。

——たしかに、運慶は職人であった。

今日的な意味合いの芸術家ではない。彼ら仏師は例外なく、寺院に付属する職能集団であり、運慶も南都《なんと》＝奈良を本拠とする、東大寺や興福寺に所属し、仏像の製作・補修にあたる、〝慶派〟と呼ばれた一団の一人に過ぎなかった。

その運慶がなぜ、後世に名を残す仏師となり得たのであろうか。おそらくは乱世に遭遇し、その深刻さを全身でもって受けとめたからではなかったかと思われる。

言《い》い換《か》えれば、凄《すさ》まじいばかりの動乱が、一人の無名の仏師を飛躍させた。皮肉なことだが、個人の才能だけでは、類《たぐ》い稀《まれ》な創造の極致には、到達できないものらしい。

　歴史を通観して思い知らされるのは、そこに時代の意識――革命や混乱に巻き込まれた〝心象〟が必要なようで、人を感動させる源には血生臭《ちなまぐさ》い混迷や悲哀、歎《なげ》きといったものが不可欠であるらしい。

度重なる戦火

　平安時代の後期――西暦一一五〇年頃の生まれとされる運慶は、あまり恵《めぐ》まれた環境にはなかった。

　政治・文化の中心である平安の都にあって、勢いづく京都仏師を横目に、創造の機会には恵まれ難い旧勢の南都で、仏師集団に参加していた康慶《こうけい》を父にもったことが、それを物語っていた。時代の先端をいく技法は平安京にこそあり、忘れられたような旧都には、かつての伝統にしがみつく頑《かたく》なさしかなかった。

　ただ運慶にとって僅《わず》かに幸いしたのは、彼の生命綱《いのちづな》の興福寺《こうふくじ》が権門《けんもん》・藤原氏の氏寺《うじでら》であったことだ。鎌倉時代までの日本政治史は、いわば藤原摂関家の歴史であり、権力と富はこの一門にのみに集まっていた。その家を大檀那《おおだんな》としているからには、平安時代いっぱい興福寺の経済は豊かであり、寄進される荘園は大和地方に溢れていた。

そのため興福寺は僧兵を擁し、都から地方長官である大和国の国司が着任しても、歯牙にもかけず、悠々《ゆうゆう》と大和（現・奈良県）一国を私領化していた。

「藤原氏ある限り、われらは食うには困らぬ」

そうした思いは康慶にもあり、幼少の運慶にも伝えられていたであろう。

ところが、この揺《ゆ》るぎなき権門を真っ二つに割る争乱が、勃発した。保元《ほうげん》の乱である。

保元元年（一一五六）七月、京都に起こった皇室及び摂関家《せっかんけ》内部の争いは、崇徳《すとく》上皇（第七十五代天皇）の皇位継承に関する不満に、後白河天皇（第七十七代）が挑発、これに藤原氏の忠通《ただみち》と頼長《よりなが》兄弟の摂関争いが結びついて、武力衝突となった。頼長は敗れている。

このとき運慶は、推定年齢で十七歳（最年長としても）。どれほど深刻に、事態を受けとめたか。それでも続く平治《へいじ》の乱によって、平清盛《たいらのきよもり》が台頭し、藤原氏が凋落《ちょうらく》の一途をたどったときには、その自覚は以前より危機感を伴《ともな》ったものになっていたに違いない。

かといって、一介の仏師に何ができようか。運慶には、父の指導の下で腕を磨く以外に方策はなかったろう。それから間もなくして、興福寺の東方にある忍辱山円成寺《にんにくせんえんじょうじ》の大日如来像を造顕《ぞうけん》する仕事が入った。安元《あんげん》元年（一一七五）から一年をかけ、運慶は父とともども仏像製作に参加。上品《じょうぼん》（上等）の八丈《はちじょう》の絹四十三疋《びき》を得ている。

この仕事が運慶の名を史上、確実に登場させることとなった。ただ、この像はのちの運慶の作品に比べると、きわだって王朝風の優雅さに彩られ、端正で清冽《せいれつ》ではあるが、いかにも優等生の作品といった印象が強い。まだ、運慶の苦悩は本格化していなかったようだ。

世を画したもの

時代はまさに、〝平家にあらずんば人にあらず〟といわれた時世となった。

これはあくまで想像の域を出ないが、運慶が本心から時代の様相と向き合ったのは、治《じ》承《しょう》四年（一一八〇）ではなかったろうか。

この年、源《みなもとの》頼朝《よりとも》の旗揚げに先立って、以仁王《もちひとおう》が源頼政《よりまさ》とともに、平家打倒を掲げて挙兵。この企てに南都が関《かか》わっていたとして、平家が南都を攻撃。東大寺大仏殿に放火し、天平《てんぴょう》の威容を誇った大仏が焼け落ちてしまう。興福寺でも多くの伽藍《がらん》が焼失した。

「まさに、末世ぞ――」

運慶が全身をふるわせて、焦土に立ちつくしたとしてもおかしくはなかった。

このころ、運慶は法華経《ほっけきょう》の書写を発願《ほつがん》していたが、完成をみたのは寿永《じゅえい》二年（一一八三）、平家が都落ちをする直前のことであった。

――以来、運慶は忽然《こつぜん》と歴史の表舞台から消える。

再び現れたのは、南都最大の寺院・東大寺の復興において、建久《けんきゅう》六年（一一九五）、大仏殿再建供養《くよう》に際し、運慶は「法眼」に叙せられたという。

翌建久七年、東大寺大仏殿で虚空蔵菩薩《こくうぞうぼさつ》像、持国天《じこくてん》像を製作。

もっとも、これらは現存しておらず、運慶の作風が後世に伝えられるのは、建仁《けんにん》三年（一二〇三）の作品を待たねばならなかった。

弟子の快慶《かいけい》（父の弟子とも）とともに、東大寺南大門《なんだいもん》に安置する阿吽《あうん》二体の金剛力士《こんごうりきし》像の誕生である。運慶はあらかじめ十分の一の雛形《ひながた》を作り、これをもとに十数人の弟子の作業分担を決め、二ヵ月余で見事に後世に残る名作を作り上げた。迫力・切れ味ともにこの作品は、戦乱の中から生まれたことを雄弁に語っている。運慶の仕事は、つづいた。

金剛力士像が完成した五年後、承元《じょうげん》二年（一二〇八）から四年をかけて、興福寺の北円堂で中尊《ちゅうそん》の弥勒《みろく》像をはじめ、脇侍《きょうじ》二体、四天王、羅漢《らかん》二体（無著《むちゃく》・世親《せしん》）が作られた。

現存する弥勒と羅漢二体は、まさしく運慶をして日本彫刻史上にその名を刻ませた名作といえるだろう。

主題《テーマ》が金剛力士像から、未来仏たる弥勒に移った。釈迦《しゃか》の入滅ののち、五十六億七千万年を経てあらわれ、釈迦の救いから洩れた衆生《しゅじょう》を救済するという弥勒は、度重なる戦火の中を逃げ惑い、苦しめられ、末世の絶望に沈む人々にとって、いわば最後の心の拠《よ》り所でもあった。運慶の弥勒は、思惟《しい》している。心持ち首をうつむけ、深いまなざしを湛《たた》えていた。羅漢の二体もしかりである。写実主義であり、静かな力強さをもっていた。

たとえば、文治《ぶんじ》五年（一一八九）に父・康慶が、同じ興福寺の南円堂におさめた不空羂《ふくうけん》索観音《さくかんのん》を中心とした四天王と、法相六祖《ほっそうろくそ》像と比べてみるとよい。その風貌の表現は平凡でありながら、何にも増して見る人の魂を捉《とら》えてはなさない深い宗教性をおびている。

未来に開かれた仏国土《ぶっこくど》と、それを人間世界につなぐ二体の羅漢――運慶の工夫の根幹には「動」から「静」への移動の中に、あるいは宇宙をみようとしたのかもしれない。

一仏師に過ぎない運慶は、ついに日本の彫刻史上最高の精神性に満ちた作品の創造を成し遂げたといえよう。その没年は、貞応《じょうおう》二年（一二二三）十二月十一日と伝えられている。

なお、運慶の空白の期間であるが、鎌倉幕府の要人の許《もと》にあって、栄枯盛衰をかみしめながら、時流に乗る試作品を、試行錯誤していたことは間違いない。

だからこそ、鎌倉ルネサンスを成功させ得たともいえる。

幕末維新と対決した女性　和宮

意志強き御台所

幕末維新の、〝悲劇の皇女〟として語られる和宮《かずのみや》は、仁孝《にんこう》天皇（第百二十代）の第八皇女として、弘化《こうか》三年（一八四六）閏《うるう》五月十日に生まれている。「婦順《ふじゅん》備《そな》はりて后《のち》に内和《うちやわら》ぎ理《おさ》まる」（『礼記《らいき》』）を典拠《てんきょ》として、父帝が選んだという。

孝明天皇の妹宮、のちの明治天皇の叔母宮に当たった。

母は権大納言《ごんのだいなごん》・橋本実久《さねひさ》の娘で、典侍《てんじ》・橋本経子《つねこ》である。和宮はいわゆる〝遺腹《いふく》の子〟であり、彼女の生まれた年の正月、父帝は俄《にわ》かに崩御されていた。そのため彼女は、父の慈愛を受けることができず、このことは和宮の、生涯の嘆きになったといわれている。

彼女は母の実家で養育され、六歳で有栖川宮熾仁親王《ありすがわのみやたるひと》と婚約した。世が世なら、やんごとなき宮家の世界から、一歩も出ることなく、平穏な人生を送ったはずの貴婦人であった。

十四歳にして、来年の冬、有栖川宮に入輿《じゅよ》のことも定められた。

ところが、幕末という時代の激流が、和宮の運命を大きく変えてしまう。

大老・井伊直弼《いいなおすけ》が桜田門外《さくらだもんがい》の変で横死し、自信を失った幕府は独裁を改め、公武合体政策を推進。結果、十四代将軍・徳川家茂《いえもち》へ、皇女降嫁《こうか》策を企てる。

候補は三人いたが、年齢を考えて和宮の江戸降嫁が決定した。

孝明天皇は当初、和宮にはすでに婚約者があること、かわいい妹に対して無理強いはできない、などと降嫁を拒んでいたが、幕府は天皇へは「攘夷《じょうい》」の決行を約束し、有栖川宮家へは経済援助をすることとして、強引に降嫁の承諾を取り付ける。

いよいよ断り切れない、と観念した和宮は、降嫁に際して五つの条件を出した。

そのうえで、もし一条でも容れられないときは、内諾を取り消す、と彼女は意志表明をする。幕府はこれらを、ことごとく了承。もっとも本心、実行する意思があったのかどうかは疑問であった。が、このことがやがて、江戸下向《げこう》後、大奥での天璋院《てんしょういん》（篤姫《あつひめ》・十三代将軍・家定《いえさだ》の御台所《みだいどころ》＝正室）との対立要因となったことは間違いない。

なかでも二条目の、「万事御所の風儀《ふうぎ》を遵守する」が、これから先、大奥において御所風＝京風と武家風の対立を生むことになる。文久《ぶんきゅう》元年（一八六一）四月十九日、和宮は内親王宣下を受け、天皇より「親子《ちかこ》」の名を賜わった。

同年十月二十日、皇女和宮は暮らしていた桂宮《かつらのみや》邸を出発し、中山道《なかせんどう》を一路、江戸へ。

一行は十一月十五日に江戸入りを果たし、和宮は江戸城中にある〝御三卿《ごさんきょう》〟の一《いっ》・清《し》水《みず》家の屋敷に入り、その後、大奥に。約二ヵ月すごして、ようやく翌文久二年二月十一日、御対面所《ごたいめんじょ》において、将軍家茂との婚礼が執りおこなわれた。

式は昼過ぎに始まり、すべてを終えて二人が床入りしたのは、午後十時を回っていたという。このとき、初めて互いの顔をみた家茂と和宮は、ともに同年生まれの十七歳。

家茂は安政《あんせい》五年（一八五八）十月に、家督を受け継いだばかりの、若い将軍であった。

一方の和宮は、江戸への道中に初潮を見たばかりであったというから、少女と言っても過言ではない若さに輝いていた。しかし、この若き御台所は決して自分を曲げなかった。

まず、自らを「御台所」とは呼ばせず、「和宮様」と呼ぶように要求。困り果てた幕府はやむなく、以後は江戸城においても「御台様」ではなく、「和宮様」とするよう通達を出している。

こうした和宮の言動に、納得いかなかったのが、天璋院であった。

立場は姑《しゅうとめ》とはいえ、彼女は和宮より十歳の年長にすぎなかった。

和宮は髪型も武家風に結《ゆ》うことをせず、「お童《わらわ》」と呼ばれる公家風の髪型で通し、しかも決して中臈《ちゅうろう》に結わせることがなかったという。

おまけに、欠席などもってのほかとされる、朝の総触れ（将軍家への謁見）にも病気と称して現れないこともしばしば。しかもその病も、奥医師などには相談せず、京都から伴ってきた宮中医官にしか診せなかった。

こうした大奥での軋轢《あつれき》に、もっとも心を痛めたのが、将軍家茂であった。もともと穏和な人柄であり、和宮がいかに〝御所風〟を吹かそうとも気にすることなく、日々、公武の融和に努力していたようだ。和宮が病気と聞けば自ら見舞いに出向き、臣下のごとく下座から、自身が挨拶をしても意に介さない。まことに、よくできた人であった。

その家茂の努力が、徐々に和宮の認めるところとなっていく。

あるとき、将軍家茂と和宮、天璋院の三人が浜御殿《はまごてん》（現・東京都中央区）に遊んだことがある。

このとき、踏み石の上に、なぜか天璋院と和宮の草履だけが上げられており、家茂の草履は下に置かれていた。天璋院はそのまま草履を履《は》いて先に庭へ下りたが、和宮はこれを見て「ポンと飛んで」庭に下り、自分の草履を除いて、家茂の草履を踏み石の上にあげ、お辞儀をしたという。

もっとも、大奥内での対立と和解をよそに、幕府は時勢に追われ、京の朝廷に出向いた将軍家茂は、欧米列強を武力で撃ち払うという「攘夷」の決行を、無理矢理に約束させられ、進退共に窮まっていた。

こうした夫の身の上を、和宮は心底から心配し、三度目の上洛に際しては、伊勢両宮・山王社《さんのうしゃ》など七ヵ所の神社仏閣へ、家茂の安泰を祈らせ、彼の産土神《うぶすな》の氷川社《ひかわしゃ》にはとくに祈禱を命じている。それでも胸騒ぎのおさまらない和宮は、天璋院にも相談して、芝増上《しばぞうじょう》寺《じ》護国殿の本尊＝黒木尊《くろきそん》の御札を勧請《かんじょう》し、自らお百度参りを実行した。霊験あらたか、と伝えられれば、それにすがるしかなかったのが、当時の女人の実情であった。

ただし和宮は、「異国うちはらひの事」を「何卒程《ほど》よくうちはらひに成《な》り、御安心さまに成りまいらせられ候様《そうろうよう》御取計遊ばし上げられ候様」とも、夫・家茂に語っていた。

あくまでも、「攘夷」の実行を、彼女は要望していたわけだ。

これは兄帝の思し召しにもとづくものであり、彼女には御所から降嫁した、朝廷の〝公〟の立場、もう一つの顔があったためである。

徳川家の社稷を死守

将軍家茂は咽喉や胃腸の障害、脚腫《きゃくしゅ》などが重なり、慶応《けいおう》二年（一八六六）七月二十日、第二次長州征伐の戦果ははかばかしくない中、大坂城内において病没した。二十一歳。

和宮の四年有余の結婚生活のうち、江戸城で家茂が起居をともにしたのは、およそ二年六ヵ月ばかりに過ぎなかった。夫の死去が大奥に伝えられた時、和宮は歌を詠んでいる。

　空蟬《うつせみ》の唐織《からおり》ごろもなにかせむ
　綾も錦も君ありてこそ

江戸出発のおり〝私〟の和宮は、凱旋の土産に西陣織の織物を、夫・家茂に所望したという。その「織物一反」が、夫の遺骸と共に、手元に届いたというのだ。

右の和歌は、あまりの出来の素晴らしさに、後世の偽作だとの説も出た。

――じつは和宮は、夫を失った前後に母と兄をも失っていた。

家茂の死去する約一年前、慶応元年八月九日、母・観行院《かんぎょういん》が死去しており、さらに翌年十二月二十五日、兄の孝明天皇が崩御する。和宮の孤独は、いかばかりであったろうか。もし、この世に彼女の心情を、真に理解できる者がいたとすれば、おそらく天璋院ひとりではなかったろうか。彼女も将軍家へ嫁ぐにあたって、使命を託された養父で薩摩藩十一代藩主の島津斉彬《しまづなりあきら》、夫の十三代将軍家定、実父の島津忠剛《ただたけ》を相前後して失っていた。

十五代将軍慶喜の誕生を、天璋院と静寛院宮《せいかんいんのみや》（和宮）は了承する。

だが、その慶喜は大政を奉還した。さらには、王政復古の陰謀《クーデター》を朝廷に仕掛けられるや、鳥羽・伏見の戦いを決断。しかし敗れて、前将軍・慶喜は帰東することとなる。

二人の女性は、瓦解《がかい》する徳川家を救うべく一致協力して、各々の実家への働きかけを開始した。幸い、江戸へ向かってくる東征軍の東海道鎮撫総督・東海道先鋒総督は、橋本実《さね》梁《やな》であった。和宮の伯父である実麗《さねあきら》の、嗣子《しし》である。このとき、三十五歳。

皇女でありながら、将軍の妻である静寛院宮は、当然のごとく〝孝貞両全《こうていりょうぜん》〟（親孝行と貞操の両面を満たす）を求められたが、両立は不可能である。

万一のときは、いずれか一方を捨てねばならない。天璋院がすでに腹をくっていた如く、静寛院宮は徳川家の社稷《しゃしょく》に殉ずる覚悟を固めた。彼女は、皇女の立場を捨てたのだ。

江戸無血開城の陰で

その思いは、橋本実梁に宛てた静寛院宮直書《じきしょ》にも明らかであった。

私事も当家（徳川家）滅亡を見つゝながらへ居《お》り候《そうろう》も残念に候まゝ、急度《きっと》覚悟致し候所存《しょぞん》に候。私一命《いちめい》は惜しみ申さず候へ共《ども》、朝敵と共に身命《しんめい》を捨て候事は朝廷へ恐れ入り候事と誠に心痛致し居り候。心中御憐察《れんさつ》有らせられ、願《ねがい》之《の》通《とお》り家名之処御憐愍《れんびん》有らせられ候はゞ、私は申す迄《まで》もなく一門家僕《かぼく》之者共深く朝恩を仰ぎ候事と存じまいらせ候。

（『静寛院宮御日記』）

それにしても彼女の心中は、どれほど自らの運命を嘆いていたことであろうか。

なにしろ、東征軍を率いていた大総督は、かつての許嫁《いいなずけ》・有栖川宮熾仁親王であった。歴史の皮肉としか、いいようがない。嫁ぐ日まで定まっていた元婚約者に対して、それを破棄させた婚家の存続を嘆願する和宮の心中は、哀れでもあり、羞恥《しゅうち》でもあったろう。男たちは自分たちの都合で、女性を道具のように扱いながら、最後はその道具に泣きついて来る――なんと、情けないことであろうか。

二人の女性の嘆願が、江戸へ攻め来る東征軍（官軍）の動きを止める要因となった。

江戸は無血開城され、明治維新＝回天はなる。

徳川家の駿府《すんぷ》（現・静岡市葵区）移封が完了したのは、慶応四年（一八六八）八月のこと。七月十七日には、江戸が東京と改められる。「明治」と改元されたのは、九月八日。東京に到着した明治天皇と、静寛院宮が対面したのが十一月一日。この席で彼女の帰京が話し合われ、十二月二十三日には芝増上寺に赴き、夫の家茂をはじめ、代々の将軍の廟所《びょうしょ》及び母の墓所（増上寺内）を参詣。翌正月十一日には天璋院のもとを訪問して、別れを告げた。

一度、京都に戻った静寛院宮は、明治七年（一八七四）七月八日に再び東京へ。用意されていた麻布《あざぶ》市兵衛町（現・港区六本木）の邸に入っている。

その後、彼女が箱根で脚気療養の湯治に赴いたおり、にわかに衝心《しょうしん》の発作が起きた。明治十年九月二日のことである。まさかの急逝。死因は心不全であったようだ。享年、三十二。まだまだ、若すぎた。

同月十三日、彼女の遺体は芝増上寺に運ばれ、洋行中の徳川宗家の当主家達《いえさと》（慶喜の後継）の留守を預かる、家達の後見人・松平確堂《かくどう》（斉民《なりたみ》）を喪主として、葬儀がおこなわれ、その遺骸は生前の希望通り、夫・家茂の隣りに葬られた。

法号は、「好誉和順貞恭大姉《こうよわじゅんていきょうだいし》」――。

旧幕臣・勝海舟《かつかいしゅう》によれば、静寛院宮は自身の埋葬に関して生前、
決して皇室の方に葬るナ、是非、徳川氏の方に埋めてくれ
と遺言していたという。

（『海舟語録』）

物質文明を精神文明で覆した藩主　伊達邦成

悲劇の宰相

仙台藩伊達《だて》家六十二万石には、いくつかの支藩があったが、その中の一つに、亘理《わたり》藩二万三千余石が存在した。亘理藩主は代々、一門の主席であり、宗藩の宰相＝家老でありつづけた。この亘理藩主の座に、幕末、就任したのが伊達邦成《くにしげ》であった。

天保《てんぽう》十二年（一八四一）十月、陸奥《むつ》国玉造《たまつくり》郡にあった支藩・岩出山《いわでやま》藩主・伊達内蔵義監《くらよしのり》（よしあき、とも）の子に生まれ、のち亘理藩主・伊達邦実《くにざね》の養子となり、宗藩の伊達慶邦《よしくに》から「邦」の一字を授けられ、〝邦成〟と名乗った（通称は藤五郎）。

奥州の名門・仙台藩は、ペリー来航以来、尊王攘夷派と佐幕派が対立し、政局は混迷の度を増していた。

「徳川恩顧《おんこ》の歴史を覆《くつがえ》す気か――」

慶応《けいおう》四年（一八六八）閏《うるう》四月二十三日、奥羽《おうう》各藩の代表が仙台藩領の白石《しろいし》（現・宮城県

白石市）に集まり、列藩同盟が結成される（二十五藩）。五月三日にはさらに六藩が参加し、「奥羽越《えつ》列藩同盟」となった。そこへ、五月十五日の上野彰義隊戦争で敗れた輪王寺宮公現法《りんのうじのみやこうげん》親王が来臨。同盟諸藩の志気は、いやがうえにもあがった。この間、宰相の伊達邦成は懸命に恭順論を説き、同盟の不可を論じたが、抗戦派にはついぞ聞き入れられない。

同盟軍の主力として各戦線に戦った仙台藩は、秋田口で善戦したものの、他は形勢不振で退却をつづけ、そこへ米沢藩の降伏が伝えられた。ことここに至ってようやく、仙台藩は謝罪降伏を決定。少し遅れて、会津藩も降伏となった。

十月、宗藩の慶邦は「東京」と改称された江戸へ移され、十二月六日には石高を二十八万石に削減する処分がくだされる。哀れをとどめたのは、亘理藩であった。宗藩のとばっちりを受けて、二万三千石しかない領地は、五十八余石にまで削られてしまう。

当時、この藩には千三百六十二戸の藩士家族が暮らし、その総計は七千八百五十四名を数えた。むろん、これでは生活できる道理はない。にもかかわらず、明治政府は高圧的で、餓死が嫌なら武士を捨てて帰農せよ、と吐き捨てるようにいう。

二者択一を迫られた亘理藩主・伊達邦成は、このいずれをも拒絶した。

「余は藩士とその家族とともに、蝦夷地《えぞち》（現・北海道）の開拓に従事する。伊達の武士道を貫くには、それ以外の道はあるまい」

邦成の決断は一見、無謀とも思われた。

蝦夷地開拓は、国家の「北門の鎖鑰《さやく》（重要な場所）」——その意味では、「武士たることの名誉」は名目上、保証される。場合によっては、「朝敵」の汚名を雪《そそ》げるかもしれない。

けれども、国家からは一切の支援は望めなかった。無一文で、どうやって未開の荒野を拓《ひら》くというのか。邦成も、死中に活を求めるこの方策には、踏み切るまでにずいぶんと思い悩んだ。

このおり、邦成から諮問された旧家老の田村顕允《あきまさ》は、ただ一言、

「われに千三百六十二戸、男女七千八百五十四人の恩顧譜代の旧臣あり。この人々を資本となす」

と答申し、藩主邦成を見やった。

顕允によれば、食うに禄《ろく》なく、住むに家なき藩士こそ、最高の資本だというのである。

このような決死の武士は、薩長両藩主力の官軍側雄藩にもいまい。つまり、われわれ「亘理」のみが持つ。資力の窮乏など恐れる必要はない、というのだ。草の根を食し、木皮で命脈をつなごうとも、われわれは武士であらねばならぬ、とも顕允はいった。

開拓執事《しつじ》となった顕允は、入植すべき土地選定に駆けずりまわり、明治二年（一八六九）に北海道と改まった蝦夷の行政区画十一ヵ国、八十六郡の中から、比較的雪の少ない地域を手に入れることに成功する。

胆振《いぶり》國ノ内有珠《うす》郡
右一郡其方《そのほう》支配仰《おお》セ付《つけ》ラレ候《そうろう》事《こと》
太政官（新政府）

渡航その他の費用は、すべて自弁。邦成はまず、代々の家財・宝物をことごとく売り、移住の費用にあてた。こうした主君の姿をみて、藩士たちも私財を投げ出していく。

武士道の華

移住に先立つ支配地の受け取りには顕允が先行してあたり、南の室蘭、北の虻田《あぶた》郡の土地が伊達の支配地と正式に定められ、境界に木標が立てられた（十月十四日）。
邦成は仙台から青森、函館（明治二年〈一八六九〉九月三十日に箱館を改称）を経由して二十日に現地へ到着。一度、亘理へ戻って、明治三年三月二十七日、第一回移住のため、邦成は移住者二百二十人をひきいて仙台を出発した。四月六日、邦成らは室蘭に上陸──。

開墾が始められたのが四月十七日、荒野はまだ雪に覆われていたが、まず何よりも雨露《あめつゆ》をしのぎ、妻子を住まわせる小屋をつくらねばならない。

幸い山では蕨《わらび》、蕗《ふき》、独活《うど》、胡桃《くるみ》、栗《くり》、ぶどうなどが採れ、海では浅蜊《あさり》、昆布、海苔、その他の魚類が手に入り、川ではウグイ、ヤマメなどが食卓をいろどった。

だが、明治三年八月の第二回移住者（七十二名）が入植する頃、何事も不馴れな開墾は、米の不作、穀物類の失敗を明らかにしていた。事前に用意した米（南京米《なんきん》）で飢《う》えをしのぎつつも、人心は先行きの不安と望郷の念に動揺をはじめる。

「このままではいかぬ」

仙台で事後処理に当たっていた邦成は、明治四年二月、七百八十八人を率いて自らが移住を決断する。その邦成の姿勢に、藩士やその家族は奮い立った。

明治四年の夏と秋、再び不作と食糧不足が移住者たちを襲う。

邦成は懸命に開拓使に働きかけたが、米七百石と金三千九百五十円が貸し下げられただけで、亘理の人々の言語を絶する艱難《かんなん》は、わずかに一息をついたほどでしかなかった。

さらには明治四年八月、彼らの心の拠りどころ＝「武士の名誉」回復を、断ち切るように、新政府は士分としての独立支配を取り消し、彼らを「民籍」へ編入してしまう。

亘理藩士たちの衝撃《ショック》は大きかった。

「成果をもって、取り返そう」

邦成はそういって、旧藩士たちをはげました。

旧藩士たちはこの悲憤に耐え、幾度となく襲ってくる生活の困窮にも、そのつど身を寄せ合い、いたわり合って、どこまでも気高く、武士らしく生きようと必死に努めた。

卑《いや》しいことはすまい、何事も一致団結して助け合おう、雄々しく生き抜こう――云々。

開拓にあたった他藩の士族たちが、つぎつぎに脱落していくなかにあって、旧亘理藩士の郡内だけは、徐々に開墾の規模を広げ、安定した成果をおさめはじめる。

明治十四年、十八戸の第九回移住まで、総数およそ二千七百人の旧亘理藩士たちが、移住を終えていた。明治十八年五月四日、ときの札幌県は、「北海全道に冠絶《かんぜつ》（とびぬけてすぐれている）し、他の移住の亀鑑《きかん》（模範）にも相成《あいなり》」とその成果を認め、旧亘理藩士の「士族籍回復」の手続きをとった。政府は同年七月、これを許可している。

旧藩士を督励し、欧羅巴《ヨーロッパ》式耕法を導入した邦成は、明治三十七年十一月二十九日、己れの決断の正しかったことに満足しながら、六十四歳の生涯を静かに閉じた。

なお、邦成以下が入植した有珠郡の地域は、現在、伊達市となっている。

福祉に生涯を捧げた　瓜生岩子

艱難、汝を玉にす

人は誰しも、逆境には弱いものだ。

日々の生活の中で、ふいに突発事故などに遭遇すると、当然のごとく右往左往する。どうしていいのかわからないまま、もがき苦しみ、必死に脱却を試みる。懸命に、苦しい境遇を克服して、平穏な生活をとり戻した時、人はなかば放心したように立ちつくす。そして次の瞬間、深い溜め息とともに、無意識に一つの選択をするもののようだ。

「もう二度と、このような辛い目に遭《あ》わないように――」

との、自己防衛に関する決意である。意識としては、自己中心的にならざるを得ない。だが稀に、反省がわが身に向かいながらも、自分と同じような逆境にある人々への思いやり、同情心に思いをいたす人もいた。

この両者の差異は、いったい何に拠るのだろうか。少なくとも社会的知性、経済的な高低の差ではあるまい。強いていえば、人品の貴賤、心の豊かさの差ではあるまいか。

明治の時代、女流歌人の第一人者・下田歌子《うたこ》が、身を震わせるほどの感動とともに、

「観音の化身なり」　（菅原道明《すがわらみちあき》編述『古稀来《こきらい》』所収）

と絶賛した、一人の女性がいた。

いまだ「福祉」という言葉が日本に定着せず、人間に華族・士族・平民といった、社会的身分のあった明治の世において、大半の日本人が顧みなかった社会慈善事業に、己れの生涯を捧げた、〝烈女〟瓜生岩子《うりゅういわこ》（岩《いわ》、とも）である。この女性のことを思うと、筆者はいつも己れを顧みて、不甲斐のないわが身のいたらなさを、猛省せずにはいられない。

瓜生岩子は幕末の黎明《れいめい》期、文政《ぶんせい》十二年（一八二九）二月十五日、陸奥《むつ》国耶麻《やま》郡小田付《おだづき》村（現・福島県喜多方《きたかた》市北町）の油商・若狭屋利左衛門《わかさやりざえもん》の長女として生まれている。

母は熱塩《あつしお》温泉・山形屋の娘りえ――会津藩の、郷士格の娘でもあった。

岩子はなぜか、この母方の姓である「瓜生」を名乗っている。下に一歳年下の弟・半次がいた（のちに、山形屋を相続）。この岩子が五歳になったおり＝天保《てんぽう》四年（一八三三）八月、会津地方には大雨大風が集中し、農作物は多大な被害を被った。

天災はなおも治まらず、天保七年にはついに大飢饉が押し寄せてくる。

この年の大飢饉は全国規模のものであり、大坂ではもと町奉行所与力《よりき》の大塩平八郎《へいはちろう》が、〝世直し〟をかかげて一揆を起こしていた。

思えば、幕藩体制はこの頃から、大きく揺らいでいたのだろう。

この世の地獄が、あちこちで口を開いていた。八歳の岩子には、多くのことが理解できなかったろう。彼女はこれらの惨状をみながら、ただ立ち尽くした。

倒れて、すでに息絶えた母の乳へすがる赤子。わずかな食べ物をめぐって諍う人々。純粋な岩子の心に、このおりの〝目撃〟は消すことのできない原風景として刻まれた。

無論、そう思うのは後世からの付会にすぎないのだが……。

「私も大変でした」

という意味のことを、幼少期の岩子は、癖のある会津方言で弁明したかもしれない。

彼女が九歳のおり、父がこの世を去り、十四歳になった岩子は、叔父の医師・山内春瓏《しゅんろう》の許《もと》へ、行儀見習いに預けられた。この経歴は、学校教育が整備されていない江戸時代において、何処の商家、あるいは武家であっても、当然のものであった。

とりわけ女性は、十代半ばから嫁にいくのが一般であり、家庭をもってもやっていけるように、とあらゆる家事や裁縫などを、適齢期までに修得せねばならなかった。

この時代、残念ながら自由恋愛などというものは、この世に存在していなかった。身分と格式によって、相応の相手を親同士が定めたのである。岩子の場合は、若松城下の呉服商・大黒屋七郎右衛門の番頭をつとめた佐瀬茂助《させもすけ》と婚姻している。十七歳であった。夫は「松葉屋」という屋号の店を開いたというから、平凡ではあっても恵まれた環境に、岩子はあったといえるだろう。子宝にも、一男三女とめぐまれている。

この彼女に、のちの行動的な生き方を重ねて考えたとき、直接結びつく最初の事件はといえば、ほどなく病床につき、七年間寝たきりの生活の末、今日でいう結核が原因でこの世を去った、夫の存在であったかもしれない。

夫の療養生活に家産のすべてを使い果たした岩子は、それまでの恵まれた生活から一転して、幼子を四人も抱え、自ら行商に出て、その日その日の食べ物をようやく口にする、そんな一家の生活を支えることになった。

夫が亡くなってからも、彼女の苦しい生活は一向に改善されることなく、むしろ肩の重荷は増していったが、岩子は愚痴もこぼさず黙々と厳しい現実と対峙しつづける。

文久《ぶんきゅう》三年（一八六三）に入って、ようやく彼女は一息つくことができた。長女のつねが、会津藩主・松平容保《かたもり》の姉である照姫《てるひめ》の女中にあがり、長男祐三が若年寄《わかどしより》・西郷勇左衛門《さいごうゆうざえもん》の小姓にあがった。良いことはつづくものか、これらをきっかけに、二女とよが養女にもらわれる。三女とめ（乙女とも）も、実家の山形屋にあずけても大丈夫な年齢となった。

社会的弱者にこそ

やれやれ――ところが、今度はそこへ会津戦争の戦禍が襲いかかってくる。

岩子はこのとき、すでに四十歳になっていたが、臆することなく、戦火の中を負傷者の手当てや炊き出しに奔走した。

戦後、疲れ切って喜多方に戻った彼女は、焦土と化した若松からこの地へ逃《のが》れてきた、多くの婦女子・難民と出会う。皆が飢えと寒さにふるえていた。岩子にとっては、これが他人事には映らなかった。これまでの苦しかった生活が、思い出されたのであろう。

彼女はわが家は無論のこと、近隣近在に働きかけて、被災者の衣食住の便宜を懸命に図った。病気の者への手当ても、老人へのなぐさめの言葉をかけることも、わが身の寝食を忘れて奉仕した、といってよい。

そうしたなかで、とくに岩子が胸を痛めたのが、戦争で父兄を失った子供たちであった。定めし名のある会津武士の子であろうに、武士らしい躾《しつけ》も教育もうけず、戦災児として、日々、難民生活の中で無為に日々を過ごしていた。

「このままでは、この子たちのこれからが案じられる」

岩子は喜多方に設置された「北方《きたかた》民政局」に、幼学校の新設を嘆願する。だが、政府側は、「賊軍の子弟に教育はいらぬ」と突っぱねるありさま。とても取り付く島がない。

それでも彼女は持ち前の忍耐強さを発揮し、

「この子らも、皇国《こうこく》の御民《みたみ》ではありませんか」

と連日の陳情を繰り返し、どうにか明治二年（一八六九）六月に幼学校の許可はおりた。

もと会津藩校「日新館《にっしんかん》」の教官であった浅岡源三郎《あさおかげんざぶろう》が、喜多方にて療養中と知った岩子は、懸命に彼を説き、八歳から十歳、十一歳から十三歳、十四歳以上と教室《クラス》を分け、五十人ばかりの子供を集めて授業をはじめる。子供たちはほどなく、目に輝きを取り戻したが、肝心の教師の浅岡がいまさらのように戦犯に問われ、東京に護送されることとなった。

ここで彼に抜けられては、せっかくの幼学校を教えるものがいなくなってしまう。

岩子は民政局と掛け合い、己れの長男・裕三を、浅岡の身代わりとして東京に差し出すことを条件に、浅岡引きとめを実現する。

この幼学校は、明治四年に全国的な学制が創設されることが公示され（翌明治五年発布）、閉鎖となった（翌五年）。岩子は四十四歳。彼女はなおも、今日でいう社会福祉事業の実務を学ぶべく、単身、東京に出て、救貧施設の「救養会所」を訪ね、捨児・孤児・老病者などの面倒をみながら、実地に仕事内容を学んだ。

愛情深く平等に接する

明治五年（一八七二）の三月、郷里に戻った岩子は、会津地方で昔からおこなわれていた堕胎を阻止する活動も開始する。闇から闇へ葬られようとする子供の存在を知ると、養子話をでっち上げ、祝儀のカツオ節、産衣などをもってその家を訪れ、「ぜひ産んで下さい」と説得。実際に生まれてきて、わが子のかわいくない親はいない。手離せなくなり、「自分たちで育てます」と言い出させるように、仕向けてまわったという。

また、幼学校跡に「裁縫教授所」を開き、裁縫の教授料をとる一方で、貧しい家の娘たちを食客同様に引きとり、ついで孤児や身体に障害のある者をも受け入れた。

岩子はさらに、「福島救育所」の創設を提唱、役人や実業家の間を説いてまわった（明治二十二年、県より設立許可がおりる）。

しかし、福祉には膨大な資金が必要であった。県単位《レベル》では、限界というものもある。

明治二十四年、彼女は窮民や不幸な児童を収容するための、国の「救養所」の設立を帝国議会に請願した。この請願は同年二月九日付で、第一回帝国議会に提出されたが、実現にはいたらなかった。

けれども、そうした岩子の運動をみていた、東京市養育院幹事事務取扱の安達憲忠《あだちけんちゅう》は、院長でもあり、財界の大立者《おおだてもの》でもあった渋沢栄一《しぶさわえいいち》と相談して、

「彼女ならば――」

と同院の幼童世話係長に、岩子を招聘した。

安達は養育院に赴任して、唖然としたという。児童百人のことごとくが無表情でおとなしく、子供らしいはつらつさ、明るさがない。第一、笑わないのである。部屋の障子も、やんちゃして暴れた形跡がなく、まったく破れていなかった。

これは保母のしつけがあまりに厳しいからだ、と察した安達は、この窮状を改善してくれる人物として、岩子に白羽の矢を立てたのであった。ときに、彼女は六十三歳。

まさか受けはすまい。年齢のことを心配する周囲を無視して、彼女は養育院へやってきた。すると、わずか一ヵ月で子供たちは笑うようになったという。

彼女はどの子も分け隔てすることなく、孤児たちを深い慈悲の心でつつみ、紙袋張りや

紙函の造り方などを教えた。

と同時に、しきりと面白そうな話を子供たちに聞かせたというが、彼女の癖のある会津方言は、東京の子供たちにも保母にも、半分も理解できなかったようだ。

それを知ってか知らずか、岩子は内職をしながら語り続けた。

人は朝から晩まで、せっせと働かなければいけない。怒るのはつまらぬ事だ。毎日、楽しく生きるのが徳というものだ。そんな話を、彼女はしたようだ。

明治二十八年には、岩子は明治天皇の后《きさき》・皇后陛下（のち昭憲《しょうけん》皇太后）の拝謁を賜ったが、このときも彼女は木綿着のままで参内している。

その後、地元へ戻った岩子は、念願の「若松育児会」（のち「福島育児院」、さらに「福島愛育園《あいいくえん》」）の設立を実現した。それでも彼女は、社会事業家としての歩みを止めなかった。

けれども、人間には寿命というものがある。明治三十年四月十九日、風邪に心臓病を併発した岩子は、この日、不帰の客となってしまう。享年、六十九。

半生を福祉に生きた彼女の遺志は、その没後、「瓜生会」となり、「四恩《しおん》瓜生会」となって受け継がれていった。

阿寒国立公園の礎を築いた　永山在兼

「四端の説」――仁義礼智と官僚

いささか教導めいて恐縮なのだが、かの孟子は人が人として生きる道として、「四端《したん》の説」というのを確立した。

第一に孟子は、「惻隠《そくいん》」の心を持つことを挙げている。他人の不幸や他人の危難に対して、いたましく思う心。すなわち〝仁〟を持てというのである。

次に必要なのが、己れの不善を恥じて、人の悪を憎む心――〝義〟。

三つ目が謙《へりくだ》り、人に譲る心――〝礼〟だという。

そして最後に、是と非――善と悪を判別する心＝〝智〟を持たねば、人は人として生きてはいけない、と説いた。

孟子の基本を現代のわれわれ日本人に当て嵌《は》めると、筆者も含め、合格点をもらえる人は少ないのではあるまいか。否、昭和の戦後以来、動乱に巻き込まれることの過少であった日本人は、泰平の中での人としての生き方の基本を、いつしか見失ってしまったようでもある。個人が〝仁義礼智〟を喪失すれば、その個人の集合体である国家もまた、それを持ち得る道理がない。

かつて国家や地方公共団体に奉職した官僚たちが、胸を張り、矜持《きょうじ》をこめて自称した〝公僕〟という言葉も、今では死語になってしまった感がある。

――ここに、すでに人々の記憶からは忘れ去られたであろう、一人の地方官僚がいた。名を、永山在兼《ながやまありかね》という。

〝官〟＝公僕のあるべき姿を、「惻隠」の情を中心に、彼の生涯を通して見てみたい。

大正七年（一九一八）三月十九日のことである。

永山は釧路《くしろ》土木派出所の所長（のち土木事務所長）を命じられ、同月二十九日で現地に着任した。その職務は開発建設と土木現業を兼ね、担当区域は現在の釧路《くしろ》・根室《ねむろ》支庁管内と十勝管内の足寄《あしょろ》・陸別《りくべつ》町、それに国後《くなしり》・択捉《えとろふ》島に及ぶ広範な地域を包括していた。

果てしなく広がる樹海　立ちのぼる蒼《あお》い噴煙
マリモの眠る沼沢を抱《いだ》き　山は鎮《しず》まりかえっていた
（横断道路開通五十年に寄せて・井沢みどり作）

担当地域を自ら視察した永山は、阿寒《あかん》の雄姿を見上げながら、手に力こぶをつくって大きく叫んだという。

「おいは必ず、こン山麓と弟子屈《てしかが》を連絡する道路を開削してみせ申す」

それを聞いた人々は、永山の言葉を信じないどころか、むしろ冷笑すら浮かべた。

この連絡＝横断道路は、たしかに多年の課題となっていた。

阿寒と弟子屈は距離にして、わずかに四十キロでしかなかった。が、わずかに山岳道路はあったものの、直結はしていない。人々は釧路を、大きく迂回せねばならなかった。それでさえも、地元の人の案内なくしては、往来することさえ覚束ないのが現状であった。

なにぶんにも、阿寒周辺は噴火時の石塊が累々と山をなし、巨大な熊などの棲息《せいそく》する千古の、人跡未踏の原始林が広がっていた。もし、これを切り拓いて横断道路を敷設するとなれば、莫大《ばくだい》な工事費用が必要であったろう。

ところが、肝心な阿寒には格別の産業と呼べるものがなく、せいぜい弟子屈に鄙《ひな》びた温泉郷が点在しているだけで、とても巨額の投資をしてまで、道路の開削をする価値は見い出せなかった。しかも、横断道路を開削するぞ、と誓言した永山は、東京帝国大学工学部卒の選良《エリート》。引く手あまたの就職先の中から、あえて北海道庁を選んだ人物であった。

三十歳の若さで、所長として赴任したことでも明らかなように、二、三年ごとの転勤で出世が約束されている、予定された選良順路《エリートコース》に彼は乗っていた。

誰《だれ》の目にも、辺鄙《へんぴ》な地方勤めは数年の辛抱で、このまま無事に任期を満了すれば、道庁での昇進、または国家官僚への登用も待っている――何年かかるかもしれない、明らかに出世順路《コース》を踏みはずすような、横断道路建設を本気でやるはずはない、と誰もが信じなかったのも無理はない。永山の抱負を、真剣に耳を傾けて聞く人のなかったのも頷《うなず》ける。

その身一人の福にあらず

しかし、永山は阿寒の巡察の中で、見るに耐えない悲惨な現状を目にしていた。

これといった産業を持たず、大自然の脅威にさらされる中で、地元の人々は常に死と隣り合わせの極貧生活を強いられていたのだ。

「あまりにも、哀れではないか」

永山は素直にそう思った。

その心底には、〝惻隠の心なきは人に非《あら》ず〟といった、孟子の教えが潜《ひそ》んでいた。

と同時に、永山の生まれ育った環境が、大きく作用していたように思われる。

永山在兼は生粋《きっすい》の、薩摩隼人《さつまはやと》であった。

旧薩摩藩の外城郷士《とじょうごうし》の家に生まれている。とはいっても、明治二十二年（一八八九）二月五日に、現在の鹿児島県内の日置《ひおき》市に生まれた永山は、薩摩藩を直接には知らない。が、その先祖に関ヶ原で勇戦した藩主家の島津義弘《よしひろ》のご落胤《らくいん》（和泉守在宣《いずみのかみありのぶ》）が出ているとの伝承を聞いて育ち、三男とはいえ永山自身、厳格な鹿児島県士族として躾《しつ》けられた。

鶴丸城《つるまるじょう》（鹿児島城）の南麓、旧大日寺《だいにちじ》跡に建てられた鶴丸尋常小学校に入学した永山は、学業がいつも優秀であり、尋常小学校を卒業のおりには、品行端正・格別勉励の賞として、『小学修身経』を授与されている。

この『小学修身経』の巻三には、次のようなくだりがあった。

第十八課　勤勉

人苟《いやしく》も高尚《こうしょう》なる希望を抱き、職業に勤勉して怠らざるときは、その道において、必ず高遠《こうえん》の地位に達し得《う》べし。

安逸驕奢《あんいつきょうしゃ》に生長せる者は、艱難にあひて忽《たちま》ちその志を挫《くじ》き、人生に欠くべからざる奮発心をおこすこと能《あた》はず。

いくばくの困苦を経て、一意その業に熱心して之《これ》を勉《つと》むるものに非ざれば、非常の功をたつるに至りがたし。

第二十八課　剛毅《ごうき》

剛毅とはよ能く一旦の辱《はずかしめ》を忍び、一時の窮《きゅう》に耐へ利害の為にも非《ひ》を行はず、死生の為にも節《せつ》を変へず、私慾《しよく》を退け公道に進む等、一定不撓《いちじょうふとう》の精神をいふなり。人も若し剛毅の心なきときは、立てたる志は半途に挫《くじ》け、盟《ちか》ひし操《みさお》は中ごろに変じ、学を修めて成らず、業を習ひて遂げず、一事をも成し得ずして、草木と共に朽ち果つべきなり。人はつねづね精神一到何事か成らざらんといふ訓言を服膺《ふくよう》して（心にとどめて）、朝夕念々これを忘れず、以《もっ》て事に当るべし。

人々この心もちて、各々その好む所の業をと執《と》らんには、業必ず成り、身必ず立つべし。これその身一人の福にあらず、積みては日本の幸福ともなるなり。

満七歳の児童に、こうした「志」を教えたのが、明治の教育であった。

薩摩隼人の赤き血

次いで学んだ東市来《ひがしいちき》高等小学校（課程四ヵ年）でも、永山は世俗の栄達名利《みょうり》よりも、もっと尊いものがこの世にある、と教えられた。加えて、事毎《ことごと》に鹿児島では、

「西郷南州翁（隆盛）は、国のためなら死ね、といわれたではないか」と叩《たき》き込まれた。

高等小学校から東市来補習学校の第二期生に進学。二年の課程を経て、永山は県立鹿児島中学校へ進んだ（卒業は改称した鹿児島県立第一鹿児島中学校＝現在の県立鶴丸高等学校の前身）。

〝一中〟の校歌は昭和に入ってからできるが、それ以前、永山の在校中には「三州《さんしゅう》の野《の》」という歌が、校歌がわりに愛唱されていた。その一番が、次のような詩であった。

三州の野に秋更《ふ》けて　生気の泉涸《か》れん時
薩摩隼人の赤き血に　潑剌《はつらつ》豪気の高鳴りて
百二都城に龍降りぬ　騎虎《きこ》の勢　今いかに

明治四十一年（一九〇八）四月、第七高等学校造士館（現・歴史資料センター黎明《れいめい》館の所在地）へ入学。一中時代は剣道部で活躍した永山は、端艇《ボート》部に入って力漕《りきそう》しながら、一方で薩摩琵琶《びわ》を弾くような学生生活を送っていた（薩摩琵琶は東京へ出てからも、学業の余暇を惜《お》しんで、永田錦心《きんしん》に師事して練習をつづけている）。

この頃、永山は郷里の大先輩・黒田清隆《きよたか》、園田安賢《そのだやすかた》、永山武四郎《たけしろう》ら北海道長官（開拓庁長官とも）の活躍を聞き、あるいは、屯田兵少佐で、西南戦争で死んだ薩軍三番隊長・永山弥一郎《やいちろう》――血縁関係はないが、同姓ということで注目していた存在――に、心動かされたという。

一説には、北海道一の豪雪地帯＝雨龍《うりゅう》郡幌加内《ほろかない》村（現・幌加内町）に鉄道敷設運動を単独で始めた、郷里の先輩である吉利智宏《よしとしちこう》に感化《かんか》され、ついには北海道庁に入庁したとも。

風光明媚を売る

地元の人々が、「――この人は本気だ……」と永山の顔をまじまじと見るようになったのは、栄転することなく居残りを決め、彼が生命《いのち》懸《が》けで阿寒に横断道路を拓《ひら》こうとしていることが明らかとなってからであった。

問題は膨大な道路開削費を、いかにして捻出するか、にかかっていた。

当時、道路といえば、開拓殖民《しょくみん》の〝生産＝産業道路〟のほかは、まったくと言っていいほど認められていなかった。明治三十四年（一九〇一）に北海道開発十ヵ年計画が発足し、道路築造や土木派出所の設置が決められたが、釧路に土木派出所ができたのは明治四十年のこと。同年、第一期拓殖十五ヵ年計画が開始されたものの、日露戦争後の財政難で内実は進まず、大正八年（一九一九）四月十日、道路法が公布され、同年十一月の勅令により、北海道のみの特別措置＝北海道道路令が公布された。

この道路令は、国道・地方費道・準地方費道・区道（市道）・町村道を区別して、地方費道以下の道路であっても、道庁長官が拓殖のために必要と認める場合は、当分の間、期間を定めて国庫から支出し、拓殖費より支弁できるという内容を含んでいた。

永山はこの特令を見逃さず、分断状態であった道路を、釧路を基点に北見《きたみ》・網走《あばしり》・根《ね》室《むろ》・帯広《おびひろ》などを結び、道央に繋ぐことを構想した。

試行錯誤の末に、永山はとんでもない奇策を思いつく。

「売るものがなければ阿寒と屈斜路《くっしゃろ》、そいに摩周を一つにし、その風光明媚を売ればよか」

地元の人たちが、目を丸くしたのは言うまでもない。「観光」という言葉にすら、馴染みのない時代である。永山の着想は淡い虹のごとき夢物語として受け取られても、しかたはなかった。無論、永山にはひそかな勝算があったようだ。

当時、中央では外国人客の誘致にからむ、国立公園建設の機運が高まっていた。

「阿寒だけでは困難でも、弟子屈を結ぶ道路が実現すれば、国立公園の指定も不可能ではあるまい」――永山はそう、確信していた。

美幌《びほろ》峠を経由する国道二四三号線を開通させ、釧路・幣舞《ぬさまい》を見事に架橋し、永山は着実に実績を積み重ねながら、釧路に十二年間いすわって根気強く、消極的な道庁に横断道路の建設を働きかけつづけた。

この間、大正十二年には内務省衛生局による国立公園候補地が発表され、その数は全国に十六ヵ所を数えた。この一覧表《リスト》には、阿寒湖を中心とする国立公園は挙げられていたが、湖は無名であり、摩周・屈斜路湖は入っていなかった。永山は自ら、積極的に「釧路保勝会」を設立。規模を広げることで、内務省への働きかけを活発におこなった。

「マリモの生息する阿寒湖は、雌《め》阿寒と雄《お》阿寒の山を周囲に眺めます。その風光は天下に誇り得るもので、それに屈斜路・摩周の両湖が加われば、これ以上の名勝はありますまい。さらに、阿寒より屈斜路に抜ける森林地帯には、千古斧鉞《ふえつ》（おのとかま）のいまだ入れざる処女林があり、雌滝、雄滝があってこれらを連絡すれば、阿寒はその雄大幽邃《ゆうすい》化《か》を完成させることができるのです」

永山はあらゆる機会に道路の必要性を説き、遊覧自動車道路の設置を主張した。そうした努力の積み重ねにより、昭和三年（一九二八）、念願の道路建設はついに認可される。

挫折からの栄光

しかし、大自然は容易に人為の入るのを許さず、樹海は工事の行く手に大きく立ちはだかった。雪崩や地下凍結。水を運搬するために、八百段の梯子《はしご》がつくられた。頑強な岩盤は、ダイナマイトの威力も跳ね返す。近代的工法のいまだ及んでいない時代である。四百七十七曲がりと称される地形に、工事は人海戦術をもって進められた。

そこへ、昭和の経済大恐慌が工事を直撃する。

「なんとしてでン、一刻も早くやらねばなり申《も》はん」

永山の脳裏には遠からず、工事が中止されるやもしれない、との予感が働いた。彼は鳥打ち帽に地下足袋、杖《ステッキ》姿の軽装に猟銃を背負って、現場の最前線に立った。

昭和五年（一九三〇）、道路はついに完成する。が、工事費は当初予算の十三万円を大きく上まわり、二十数万円となった。米の小売価格が、十キログラム二円の頃のことである。

この予算超過《オーバー》が、永山の〝公僕〟としての生命を断つことにつながった。

旭川土木事務所長に転出となった永山は、留萌《るもい》、室蘭《むろらん》と左遷され、ついには道庁土木課勤務の窓際族へと追いやられる。昭和十年十一月には、北海道庁を辞職。永山は一時期、工業都市・川崎市や八幡市役所に籍をおいたが、健康にも恵まれず、郷里に帰って一介の中学校教師、鹿児島私立工業学校教諭嘱託となって、昭和二十年五月十七日にひっそりとこの世を去った。享年は五十七。

永山が釧路を去ってほどない昭和九年、阿寒は第一次国立公園の指定を受けた。その後、この地が日本有数の観光地として、めざましい発展を遂げたことは、語るまでもあるまい。

ただ、国立公園の最高権威者といわれた林学博士・田村剛《つよし》は、昭和二十六年六月、釧路に来て次のように断言した。

「もし、あの当時、横断道路ができていなければ、阿寒だけでも、弟子屈町だけでも、国立公園として指定されることはなかったろう。永山在兼所長の果たされた大功績を、われわれは永遠に忘れてはならない」

故郷で寂しくこの世を去った永山ではあったが、阿寒横断道路開通五十年を記念し、昭和五十五年四月二十九日に建てられた「永山在兼顕彰の碑」は、以来、花の絶えることはなかった。

「死と隣り合わさった村人に、生きるための道路を拓いてくれたのが永山さんでした」

地元の人は涙ながらに、その遺徳を今に語りついでいる。

こういう〝公僕〟も、日本にはいたのである。

第四章
平常心で臨む

神社の祭神になった芋代官　井戸平左衛門

六十歳の抜擢

八代将軍・徳川吉宗《よしむね》の治世、正しくは享保《きょうほう》十六年（一七三一）九月十三日、当時の石《いわ》見《み》銀山領（五十三カ村、総石高四万八千石）及び備中《びっちゅう》・備後《びんご》三国の天領＝幕府直轄領の一つに、一人の男が幕府の勘定方《かんじょうがた》から代官に任じられ、代官所のある大森《おおもり》（現・島根県大田《おおだ》市）を目指して発向した。

小柄で痩《や》せており、威厳というものが伝わりにくい、官吏・公吏の典型のような人物で、体もあまり丈夫そうではなかった。事実、道中のその顔色は悪く、尾道《おのみち》（現・広島県尾道市）までの船旅の疲れに加え、険しい山道をゆく尾道から大森までの駕籠《かご》にゆられての旅は、この新代官を相当参らせていた。無理もない。このとき、この新任の代官は六十歳になっていた。名を井戸平左衛門《いどへいざえもん》といい、諱《いみな》を正朋《まさとも》（正明《まさあきら》とも）といった。

平左衛門は寛文《かんぶん》十二年（一六七二）に江戸に生まれ、元禄《げんろく》五年（一六九二）四月に幕臣「井戸」の婿養子に入った人物。以来、現場一筋でここまできた。が、無名の人物でもあった。無役の御家人が入る小普請組《こぶしんぐみ》に五年いて、表大番《おもておおばん》に転じ、江戸・大坂・京都・伏見の在番をこつこつと勤め、各々の城の警備にあたり、この間、ほぼ皆勤を貫いている。

勤勉で実直なところが買われ、元禄十五年には「勘定方」に進んだ。

この役目は勘定奉行に属して、諸国代官から収税された金穀の出納と、天領での訴訟を扱うもので、平左衛門は諸国の治水工事や天領の巡回、代官に随行しての収穫の検見など、現場勤めが長かったようだ。

享保六年八月には将軍吉宗より、黄金二枚を賜り、その忠実公平な仕事振りを評価されている。それからざっと十年、現場でたたきあげ、代官の役について石見銀山大森代官に任じられたわけだが、これは一方で、これまでの勤めを労《ねぎら》う形式的な人事でもあった。

この年の六月、平左衛門は永年勤続として、再び黄金二枚を賞されていた。

人生五十年の時代である。いわば、名誉の昇格。花道を飾るための栄転であったかと思われる。だが、当の平左衛門の心底は、正反対に心楽しまず、悲壮感が全身を包んでいた。

この頃、西日本一帯は、後世にいう〝享保の大飢饉〟の真っ最中であった。

連年の水害、旱魃《かんばつ》に加え、「うんか」「いなご」の大群が発生し、農作物の不作は目を覆うような惨状を呈していた。江戸期の農業は今日に比べ、あまりにも技術が稚拙《ちせつ》であり、ほとんど天災には無防備であったといってよい。加えて、自分を迎えるべく大森の庄屋や百姓の代表が、八里（約三十二キロメートル）も先の酒谷《さけだに》（現・島根県邑智《おおち》郡美郷《みさと》町）まで出迎え、百姓困憊《こんぱい》の状を陳述するに及び、平左衛門の心は増々暗くなった。

「これほどまでに酷《ひど》いとは……」

天領の采配《さいはい》は、ことごとく代官の判断にまかされていた。

代官は領内の行政・治安も含め、全権を握っていたといえる。できることなら休息したいところであったろうが、平左衛門は大森につくと医師・中島見龍の診察をうけ、前任の海上弥兵衛《うながみやへえ》からの引継ぎを迅速にすませると、休む暇《いとま》もなく領内の巡見に出た。

平左衛門は江戸期の道徳教育＝儒学を修めてはいたが、とりわけ器量人でもなければ、目立つ存在でもない、平凡などこにでもいる官吏の一人でしかなかった。なぜ、懸命に働くのか、と問えば、彼は答えに窮したかもしれないし、顔の表に憤りを浮かべて、

「やるしかないではないか」

と、いい返したかもしれない。

『孟子』にいう、「仁は人の心なり。義は人の路《みち》なり」（告子《こくし》篇）である。

仁は人の心の自然であり、義は人の踏みおこなうべき正当の道である。窮民の惨状を救うのは、代官にとって当然のことであったのかもしれない。が、孟子もいっている。

「――にもかかわらず、この路を捨てて踏みおこなおうとせず、この心を放ち失って求めることを知らない人のなんと多いことか」

代官の中には任期の間、事勿《ことなか》れ主義に徹して、何の業績も残さなかった、という〝仁義〟のない人は少なくなかった。

自らの持てる私財を投げ出す

孔子の『論語』でいえば、「義を見て為《な》さざるは、勇《ゆう》なきなり」となろうか。

こうするのが、あるいはこういうのが人間として正しい道だと知っていながら、自分の利益のため、または保身のために、あえて実行に移さない。孔子はこういう人を、勇気のない者だと断じた。平左衛門は義務と責任で己れの背を押すようにして、自ら領内を見てまわった。

こうなると、長年の現場勤めは強い。村々の予想以上の困窮と、それにも増して惨事となるであろう来年の領内を、的確に予測できた。このまま放置しておけば、確実に死人が出る。それも千人、万人単位の……。

平左衛門は躊躇《ちゅうちょ》することなく、持てる私財のことごとくをまず投げ出し、つづいて領内の豪農たちに義援金を募った。これには領内隈無《くまな》くの金持ちたちが驚嘆した。

「代官さまが御《おん》自ら……」

平左衛門の赤心は、領内の人々の心を打った。その財力にではなく、その行為自体に、人々は感涙したのである。集められた金で、他国より米を買い入れ、貧民にこれを施し、どうにか次の年を持ち堪《こた》えたが、春から天候は不順で、六月から七月にかけて冷夏となり、しかも雨の多い日がつづいた。これだけでも惨害は動かなかったであろうに、大発生した「いなご」の大群が中国山脈を越え、七月にはついに、石見国（現・島根県西部）へ飛来してくる。

――止《とどめ》であった。

「いなご」は水稲《すいとう》を食い尽くした。この年、西日本は一帯にかけて餓死者十万九千人を記録する。この自然の猛威に、平左衛門はわが身を慰めはしなかった。

「すべては天災なのだから――」

と、多くの人々が天を仰いで溜息し、嘆くしかなかったなかで、彼はこの飢饉をあくまで人災と捉えた。代官として、打つべき手を打ち損ねたのではないか、何か油断はなかったか、と懸命に反省したようだ。

自然の猛威は一向に衰えることなく、享保十七年の冬は大雪となり、根雪は例年より一ヵ月も遅くに溶け、そのために麦も不作となって、収穫は三分の一にも満たなかった。

遠く江戸では、諸国へ回米《かいまい》したことが原因で米価が上がり、翌享保十八年正月には二千人が江戸市中の米問屋を襲う、打《う》ち毀《こわ》しが勃発する。

領民の立場にたった税収

平左衛門は代官としての権限で、回米を領内の男に二合、女に一合ずつ貸す名目で連日、米を配給し、これまで年貢の四分の一をモミで納めていた倉を開き、種子として貸し出し、その残りを飯米として食べることを許可した。また、年貢米も思い切って収税ゼロとした地域を認めるなど、疲労困憊の農民を救うべく、打ち得るかぎりの手を打った。

石見銀山領では夫食《ぶじき》（食料）が行き届き、餓死これなき由《よし》〈後略〉（『徳川実紀《じっき》』）

他方、当然のごとく、平左衛門の処置には幕府から苦情も出たようだ。温情はわかるが、税の収納は公務であり、これを等閑《なおざり》にしては幕藩体制そのものが成り立たない。

無論、彼はすべての責任を負う覚悟はできていた。

領民を守り切ってこその代官であり、それが完璧にできなかったからには、すべての責任は自分がとるのが当たり前だ、と平左衛門は思い定めていた。

もし、彼と他の代官の違いを求めれば、平左衛門はあくまでも領民の側をみつめつづけ、他の代官たちは勘定所を、さらには幕閣を意識しつづけていた、ということになろうか。

その差違は、一つの茶話にも如実に出ていた。

享保十七年（一七三二）四月十五日のことである。この日は平左衛門の養父・正和《まさかず》の命日であり、曹洞宗栄泉寺《えいせんじ》（現・大田市）を訪れた平左衛門は、普光泰謙住職に法要を頼んだ。読経はとどこおりなくおわり、茶話となった時である。たまたま栄泉寺に滞在していた安居《あんご》僧（一ヵ所に集まり修行する僧）の泰永《たいえい》というものが、

「拙僧の出身地である薩摩国では、唐いもというものがあり、どのような飢饉のときにも、この芋《いも》のおかげで飢えて死ぬ者がでませぬ」

という話をした。取り方によっては、たんなるお国自慢の話ととれなくはない。

それだけの話に、平左衛門の心はときめいた。

「芋は年貢の対象ではない――」

しかも、襲い来る天災から領民を守り、いつ、いかなる災害に出会っても、これに負け

ず、食することのできる新しい農作物があったならば……。

平左衛門は泰永にその芋の入手を依頼したが、薩摩はこれを領外不出として渡さなかった。そこで平左衛門は、幕府の勘定所から手をまわしてもらい、執拗にその獲得に執念をもやした。七月中旬、ようやく百斤《きん》（約六十キログラム）の種芋が大森に届く。

平左衛門は慎重に植える地域を分け、村高百石につき八個ずつの割合でこの芋を配った。活着には成功したものの、ほとんどが越冬に失敗。その中でただ一人、福光釜野《ふくみつかまの》（現・大田市温泉津町《ゆのつ》福光）の老農・松浦屋与兵衛《よへえ》だけが、自宅近くの城ケ山の中腹で越冬に成功した。のちに、この与兵衛の栽培・貯蔵方法が、中国地方全域へ広がることになる。

唐芋＝甘薯《かんしょ》は南米が原産地であり、明《みん》朝の万暦《ばんれき》年間（一五七三～一六二〇）に中国大陸へ入り、琉球へ伝えられ、元禄十一年の秋に、琉球王の手を経てこれが薩摩国に伝来した。やがて薩摩から長崎へ伝えられ、享保二十年に漸《ようや》く江戸へ入り、青木昆陽《こんよう》の唱導によって、天下六十余州へ広まったわけだが、平左衛門の方が数年早かったことになる。

これは、いかに彼が領民のことを日々、考えていたかということの証左でもあったろう。気がつくものと、つかぬもの。両者の差はまさに〝仁〟であり、〝義〟であり、〝勇〟であったのかもしれない。

第一に心がけるのは慈悲

平左衛門は、唐芋を領内の荒地・砂地に、所かまわず栽培させた。

幸い享保十八年（一七三三）は五穀豊饒《ごこくほうじょう》となり、数年来の飢饉はひとまず去った。

心身ともに疲れ切った平左衛門ではあったが、四月、大森から備中笠岡《かさおか》（現・岡山県笠岡市）の陣屋に移っている。これは前任の代官・竹田喜左衛門《きざえもん》が去年夏に死去したことにより、備中都宇《つう》と浅口《あさくち》の両郡を支配した久世代官・窪島作右衛門と、平左衛門がとりあえず交代で、備中国を見ることになり、順番で平左衛門が出かけたことによる。

ところが、領民たちは多くを知らされず、平左衛門が国法を破って倉庫を開き、租税を免じた罪により、笠岡の陣屋で幕命を待て、と申し渡されたと理解したようだ。

その駕籠を慕い、どこまでも彼らはついてくる。去らしても、去らしても、領民たちは去らない。それがために、引きつぎに支障を来したとも。

「お早いお戻りを――」

と領民たちは心から願ったが、笠岡で平左衛門は発病し、そのまま病床に伏してしまう。

咳が止まらず、手足がむくんで、下痢がつづいた。

邑智郡美郷町簗瀬《やなぜ》の錦織玄秀《にしこおりげんしゅう》をはじめ、この地域の名医がつぎつぎと診察投薬に訪れたが、ついに五月二十六日、平左衛門は帰らぬ人となった。享年、六十二。今日でいう「心臓ぜんそく」、あるいは「欝血性《うっけつ》心不全」ではなかったか、といわれている。

皮肉なことに、彼の後任として大森代官となった布施弥市郎《ふせやいちろう》は、この年の十一月、農民救済に尽くした代官として、銀五十枚を授けられた。

「もらうべきは、芋代官さまじゃ」

領民たちは思い思いに、頌徳碑《しょうとくひ》を建てた。そのあまりの多さに、布施は禁止令を出したが、一向に効果はなかったようである。井戸平左衛門が大森の代官の職にあったのは、わずか一年九ヵ月ばかりであった。にもかかわらず、領民の追慕の情は冷めることなく、ついに明治十二年（一八七九）には井戸神社の建設をみるにいたった。

平左衛門は遺言状の中で、養子の正武に次のように語りかけている。

「泰平の世にあっては奉公に励むことこそが忠義である。一命《いちめい》を捨てる覚悟で奉公せよ」

「第一に心懸けるべきは慈悲であり、人々をして難儀な思いをさせてはならぬ」

実に、立派な代官がいたものである。

雪国の厳しさを江戸に伝えた男　鈴木牧之

志《こころざし》ある者は事竟《つい》に成《な》る

（『十八史略』）

後漢《ごかん》の初代皇帝・光武帝《こうぶてい》の言葉として伝えられている。

何事も、やりとげようという志さえしっかりしていれば、必ず成功するものだ、との意。

ただ、志を持つというのは容易《たやす》いが、これを長い歳月、持続させることは至難である。

人は誰《だれ》しも安楽に流れるもので、好んで苦境に身を置こうとする人はいない。

ところがおもしろいもので、志の持続ほど、人の〝質〟の優越を明らかにするものもなかった。『論語』に、

「凋《しぼ》むに後《おく》るる」

歳寒《としさむ》くして、然《しか》る後《のち》に松柏《しょうはく》の凋むに後るるを知る。（子罕《しかん》編）

というのがある。冬になって、はじめて松や柏《かしわ》がいかに強く緑をたもっているかがわかる、というもので、人間もまた、困難に遭遇して、はじめてその人物の真価が表れると

いうのだ。「凋むに後るる」とは、凋まぬこと。志の持続といってよい。

歴史の世界には、この「凋むに後るる」人が当然のごとく多かった。

本項では無名ながら、己れの志を生涯かけてつらぬき、後世のわれわれに志の大切さ、持続の尊さを、無言のうちに語りかけてくれた一人の偉人を紹介したい。

名を鈴木義三治《ぎそうじ》という。わずかながら、後世に知られた呼び名では、その俳号をとって、「鈴木牧之《ぼくし》」とした方が、多少はご存知の読者がいるかもしれない。

生まれは、明和《めいわ》七年（一七七〇）正月二十七日――世は十代将軍・徳川家治《いえはる》の時代で、一年後に前野良沢や杉田玄白らが江戸千住《せんじゅ》小塚原《こづかっぱら》（現・東京都荒川区南千住）で刑死者の解剖をみ、蘭学が記念碑的な一頁《ページ》をつづっている。

今にして思えば、人間の体内を抽象《ちゅうしょう》的にとらえてきた日本人が、西洋医学の力を借り、はじめて具体的な臓器《ぞうき》を知った同じ時期に、牧之がこの世に生をうけたというのも、何かしら因縁《いんねん》めくものを感じずにはいられない。

幼名を弥太郎。越後《えちご》国魚沼《うおぬま》郡塩沢（現・新潟県南魚沼市）に出生した牧之の家は、祖父の代よりつづいた越後縮《ちぢみ》の仲買と質屋を兼ねる、苗字帯刀を許された、世間的にはめぐまれた商家であった。

後年、筆まめな牧之が考証したところによれば、先祖は戦国の名将・上杉謙信《うえすぎけんしん》に仕えた武将であったようだが、次代の景勝《かげかつ》のおり、上杉氏は会津へ転封となった。このおり、鈴木家の当主は越後塩沢に移って帰農したという。助右衛門《すけえもん》―儀兵衛《ぎへえ》―儀右衛門《ぎえもん》―儀兵衛と代を重ね、再び「儀右衛門」名の当主（牧之の祖父）が出て、ここから縮の商いをはじめた。やり手であったのだろう、かたわら質屋を兼ねて成功する。

が、次代の与右衛門《よえもん》が家業をつぶしてしまった。弟（二男）の恒右衛門《つねえもん》が兄にかわって家運を挽回。かたわら俳句をひねって、俳号に「周月庵牧水」を称した。

この恒右衛門の子が、牧之である。俳号は父の一字をもらったようだ。

手習い（読み書き）に四書素読《そどく》を里にあった大運寺の快運法師に学び、詩を徳昌寺《とくしょうじ》の虎斑《こはん》禅師に就いて習い、十三歳のときには、隣宿の六日町へ逗留《とうりゅう》していた狩野梅笑《ばいしょう》という絵師について、日本画を二十日間ほど学んだという。

もともと、文章を書いたり絵画の筆をとったりするのが好きだったようだが、このことがのちに大きな意味をもつと、牧之少年は考えてもいなかったに違いない。

手先も器用《きよう》で、書画の表装から家具の繕いまで、すべて自らの手でやり、専門職の手を煩《わずら》わせるということはなかったとも。

しかし、彼は芸術家や職人の道へは進まなかった。十五歳のおりには堀之内《ほりのうち》（現・新潟県魚沼市）の、宮《みや》家という豪商へ二十日間ばかり縮の実務＝売買のノウハウを修得するため、預けられて研修を受けている。牧之は明らかに、父と同じ商人の道を歩んでいた。

――天明《てんめい》八年（一七八八）、のちにして思えば運命の年がやってくる。

この年、十九歳の牧之は、お供《とも》の中嶋幸七《こうしち》を従えて、生まれてはじめて江戸へ出た。縮八十反を売る商いのためであったが、越後湯沢《ゆざわ》（現・新潟県南魚沼郡湯沢町）から長くて急な二居《ふたい》峠を越え、さらに三国《みくに》峠を越えて、江戸へ入った牧之は、その空の青さにおもわず息をのんだ。

雪国の厳しさを伝えたい

あたり前のことだが、越後国は雪が深かった。

「豪雪地帯」

という言葉は昭和の戦後に生まれたものだが、令和四年（二〇二二）の時点で、新潟県では全域（三十市町村）が特別豪雪地帯、なかでも牧之を生んだ中越地方は七割の自治体が、特別豪雪地帯（一部特豪）の指定を受けている。

雪になれた東北地方にあっても、類をみない三メートルないし四メートルの積雪地帯が広がっていた。まして江戸時代のこと。土地の人々は一年の三分の二を雪ごもりして、ひっそりと息づくように暮らしていた。その姿は豪雪に首根っこを押さえられながら、懸命に、ただ耐えしのぶだけにみえたであろう。

雪への忍従の上の忍従——にもかかわらず、雪は容赦なく降り積もり、人々のくらしを脅《おびや》かせた。日常茶飯事のような、雪の遭難との同居。日々の雪おろしには、働き手や費《つい》えが必要であった。人々は黙々と雪をかきおろしたが、一夜明けると雪は再び降り積もり、人々の労力は元《もと》の木阿弥《もくあみ》となってしまった。

江戸の青く澄んだ空を見あげながら、牧之は思う。

「雪国の者だけが、なぜ、雪に苦しめられなければならないのか」

その呟きは、天への恨みでもあった。

一年の半分は、鉛色の雪雲に閉ざされている北国の者でなければ、この思いは真に理解できなかったに相違ない。雪国にくらす無念さが、牧之の心に火をつけた。

「どうにかして、わしら雪国の生活を、この江戸の人たちに知ってもらえぬものか」

そうした思いは、滞在中、商いの合間《あいま》に江戸の名所見物をし、都会の風俗を目にするたびに、牧之の心に募っていった。

「綺羅《きら》の餝《かざ》り」に彩《いろど》られた、江戸の人々の出《い》で立《た》ち。商いのおりおりに、あるいは足を運んだ江ノ島や鎌倉において、牧之は考えつづけた。

晩年、牧之が教訓風に書き残した回想録『夜職草《よなべぐさ》』に拠れば、この江戸入りをした年は、夏だというのに雨が降りつづけ、夏物の縮がさっぱり売れなかったという。

「しばしば下買《したかい》のもの客舎菱屋の二階に来りても徒《いたずら》に還《かえ》り候なり」（同上）

こうしたことも、あるいは多少影響したかもしれない。

書家の沢田東江《とうこう》に入門して心を落ち着かせつつも、江戸への感情を顕《あらわ》に持った牧之は、思案のすえに、越後の風物を書物にして出版することを考えはじめる。

しかし、すぐには行動に移せなかった。彼には家業があったからである。

個人的なことにふれれば、牧之は二十歳で、今でいう中耳炎にかかり、治療の失敗から、難聴になってしまう。晩年には、遠くなった耳に法螺《ほら》貝を当て、用をたしながら、戯号に「螺耳《らじ》」と自笑したりしている。

二十二歳で結婚、長男の伝之助《でんのすけ》（牧仙《ぼくせん》）をもうけたが、二年後には妻と離別。その後、死別や離別をくり返し、五度妻がかわった。私生活の不遇が、出版の初志を貫かせたのかもしれない。

馬琴の不誠実

はじめて江戸へ出てから十年も後に、ようやく風物書——今日でいえば、雪国百科全書——の制作が具体化する。

決心した牧之は、知遇を得ていた江戸の戯作者・山東京伝《さんとうきょうでん》に出版を依頼する手紙を書いた。京伝は快く、承知の返事を送っている。

「やるぞ」

牧之は『北越雪話』の表題を考えていたが、題目などはどうでもよかった。喜んだ牧之は、すぐさま京伝へ最初の稿本・挿絵に雪具の雛形《ひながた》を送っている。

「北越《ほくえつ》雪談と致し、絵入読み本五冊として、雪の故事故歌などを加へ出版いたさん」

このまま刊行となれば、あるいは牧之を〝志〟と共に語ることはなかったかもしれない。

版元から、刊行には百両が必要である、との知らせが届いた。牧之は理不尽と捉《とら》えたようだが、これは一面しかたのないことであったろう。牧之は地元塩沢では知らぬ人もいなかったろうが、江戸ではまるで無名の一地方人でしかない。

それが風変りな読本《よみほん》——雪国の風俗や生態をあますことなく伝える書物を出版しようというのだ。雪の形状、雪の深浅、雪意《ゆきもよい》（雪の降りそうな空模様）、雪の用意、初雪、雪の堆量《たかさ》――云々。

内容はきわめて地味なものでしかなく、一般の江戸庶民に売れる見こみは立たなかった。

「山東京伝著述　北越鈴木牧之校正」

牧之のへりくだった構想は、中央文人への畏敬の念とともに、地方の大いなる卑下を表しており、商人として客観的にみた場合でも、京伝が思い切って加筆してくれないことには、売れる見込みが立たない、と牧之自身も認めていた。

「売れなくては、多くの人々に雪国をしってもらうこととはならない」

しかし、百両を工面《くめん》することはできなかった。

版元は刊行をしぶり、とんとん拍子《びょうし》の計画はいっきに沙汰《さた》やみとなった。

牧之は京伝の弟子・曲亭《きょくてい》（滝沢《たきざわ》）馬琴にも相談した。

「自分なら、金を出資せずに刊行してみせるが……」

といいつつも、馬琴はこの頃、京伝と仲たがいをしており、そのことを理由に、

「こっちへ引き取って出すのはまずい」

食指を動かしつつも、いつまでたっても具体的には動かず、結局、埒《らち》はあかなかった。

歳月が無意味に流れ、しびれをきらした牧之が、新たに大坂にいた、『絵本太閤記』の著者・

岡田玉山《ぎょくざん》に出版を依頼し、内諾を得たのは文化《ぶんか》四年（一八〇七）、牧之が三十八歳の春であった。この年、父・恒右衛門が死去。牧之はその悲しみを埋《う》めるためにも、出版にこだわった。今度は版元もすんなり決り、これでようやくと思ったところが、その翌年に玉山が急逝してしまう。計画は立ち消えとなった。

失意の牧之がようやく立ち直り、江戸の一流画人・鈴木芙蓉《ふよう》との間に出版を契約したのが同九年。たまたま芙蓉が牧之のもとに逗留した縁から生まれた話であったが、今度こそは、と意気負い込んだ矢先の文化十三年に、その芙蓉に他界されてしまう。

不運は身内にも及び、跡とり息子の伝之助には二十一歳の若さで先立たれ、その十七日後には母とよがこの世を去った（二人目の妻ふのとの間に生まれた、娘くわに養子・勘右衛門を迎えて家を嗣がせる）。

不遇の中、それでも牧之は出版を諦めない。

四十八歳のときである。馬琴から改めて、出版を引き受けたい、との書簡が届けられた。

以前、断りの口実とした師の京伝は、すでに前年＝文化十三年に亡くなっていた。

文通を通して、

「曲亭馬琴著　鈴木牧之校訂」

とすること、表題も『北越雪譜《せっぷ》』と決した。

歓喜した牧之は、五十の年齢を顧みず、新たな取材旅行に出かけると、資料を蒐集《しゅうしゅう》した。ときには「験微鏡《むしめがね》」をあてて、「肉親（眼）のおよばざる至微物《こまかきもの》」を自ら絵筆をとって写《うつ》し、それらを江戸の馬琴の許《もと》へ送った。その無理がたたったのであろう、突然、かねてより悪かった右耳の聴力が完全に失われてしまった。

このようにして稿本や挿絵などを送り、首を長くして刊行の日を待つ牧之であったが、『椿説弓張月《ちんせつゆみはりづき》』や『南総里見八犬伝《なんそうさとみはっけんでん》』で大家となった馬琴からは、いっこうに執筆の気配すら伝わってこない。

「本当にやる気があるのか？」

焦燥しながら待ちつづけた牧之だったが、そうこうするうちに、とうとう彼は六十歳を越えてしまう。

『北越雪譜』は不滅

この間、牧之は前述したように、幾度か妻を得ては離婚をくり返していた。

文政《ぶんせい》六年（一八二三）五十四歳のおりには、五度目の妻とりと結婚したものの、数ヵ月後に離縁。同じ年に、六度目の妻を迎えている。

妻にはめぐまれなかったが、牧之は父の跡をみごと襲い、郡代・代官から殊遇《しゅぐう》を受け、御用金もたびたび献上し、身代を町年寄格にまで大きくしていた。

おそらく、残る希望は雪国の風俗を刊行することだけではなかったろうか。

なるほど若い頃は、雪国の厳しさを広く知らしめるとともに、己れの名も天下に知らしめたい、後世に残したい、と欲したこともあった。だが、いつあの世から迎えが来るとも限らない齢《よわい》となったいまでは、雪国の実情をあまねく知ってほしいという、初志だけを貫ければそれでよい、と牧之は思うようになっていた。

山東京伝の弟・京山《きょうざん》が刊行の労を執《と》りたい、と申し出てくる。

牧之は馬琴との約定《やくじょう》を理由に一度は申し出をことわったものの、翌年、京山から再び申し入れられると、馬琴の了承をとり、京山へ乗りかえる（『八犬伝』に没頭していた馬琴は、しかたなく手を引いたものの、牧之が送った稿本も挿絵もいっさい返却しようとはしなかった）。

越後塩沢　鈴木牧之編撰
江戸　京山人百樹《ひゃくじゅさんてい》刪定（語句や文章の悪いところを削って定稿にすること）

牧之は老体に鞭《むち》打ち、自身で執筆にとりかかった。

『越後国雪物語』（全八冊）と構想も固まった。あとは、執念といってよかった。

すでに左右とも聞こえなくなった耳も、かえって執筆に没頭できると喜ぶありさま。

残り少ない己れの生命《いのち》に、火を灯《とも》すように牧之は筆を進めた。書肆《しょし》の文渓堂《ぶんけいどう》に表題を『北越雪志』から『北越雪譜』に変更された以外、牧之の原稿を妨げるものはなかった。

取材しては執筆の手を進め、原稿がまとまれば京山の許へ送った。天保七年（一八三六）には、

「一度、現地をみる必要がある」

と称して、京山―京水《きょうすい》親子が塩沢に五十日あまり滞在した。

とはいえ、彼らが訪れたのは春から夏にかけてであり、雪の季節に現地を見ようなどという殊勝さは、京山にはなかったようだ。越後各地に遊んだ京山らを接待した牧之は、彼らが江戸へ戻った直後に中風で倒れてしまう。

翌天保八年の晩秋、
凡《およそ》天より形《かたち》を為《な》して下《くだ》す物、雨、雪、霰《あられ》、霙《みぞれ》、雹《ひょう》なり。露は地気《ちき》の粒珠《りゅうしゅ》する所、霜は地気の凝結する所、冷気の強弱《つよきよわき》によりて其《その》形を異にするのみ
こういう出だしで始まる『北越雪譜』初編全三冊が、そろってついに発売となった（『北越雪譜』初編上之巻の、京山の序は天保六年）。

牧之、ときに六十七歳。身体の自由は利《き》かず、家からは出られない状態になっていた。

この年、馬琴は二十八年かけて『南総里見八犬伝』を完結させている。

もし、京山の申し出を受けなければ、馬琴が『北越雪譜』を手がけたのはこれ以降のこととなり、牧之は存命していてもたんなる資料提供者で終わったに違いない。

四年後、第二編にあたる春夏秋冬の四冊が刊行された。

牧之はこの間、発した中風に誘発され、左右の視力を失い、腕も自由がきかなくなっていたが、第二編のつづきである第三編、第四編の執筆に闘志を燃やしていたという。

――完成させることだけが、心の支えであったともいえる。

天保十三年五月十五日、七十三歳を一期《いちご》に、牧之は帰らぬ人となった。

『北越雪譜』は構想上、未完の書である。しかしながら、彼の生涯をかけた労作はその後、今日にいたるまで、雪国を知る根本資料として、ついぞ読者の絶えることはなかった。

一つの志を、三十有余年持ちつづけた、牧之の勝利とはいえまいか。

〝非常の才〟で「死地」を越える　細川重賢

借金まみれ、熊本藩の苦悩

歴史学的に検証した場合、変革期を生き残る方法はたった一つしかないようだ。すなわち、〝既得権益〟の放棄である。が、これは至難の業《わざ》といってよい。

人は誰しも、一度手にした権力・地位・名誉・利益を手放すことが、本来できないものだ。だが、これをしないかぎり、旧時代の人間は新しい時代を生き残れない――これが歴史の切《せつ》なる教訓であるのだが……。

享保《きょうほう》五年（一七二〇）、肥後熊本藩五十四万石の四代藩主・細川宣紀《ほそかわのぶのり》の五男として生まれた重賢《しげかた》には、五代藩主となる兄の宗孝《むねたか》（四男）がいた（長男から三男は夭折《ようせつ》）。

ところが、宗孝は思いもよらない人違いから、江戸城の厠《かわや》で暗殺されてしまう。

結果、重賢ははからずも大藩を相続することになった。当時、熊本藩はおそらく日本一貧しい大名家であったろう。

江戸だけでも三十七万両の借金をかかえ、藩内は強引な〝冥加銀《みょうがぎん》〟（農民以外に課した税金）の取り立てと、藩内にだけ通用する「銀札《ぎんさつ》」（藩札）の乱発で、底なしの物価《インフレーション》の急激な上昇が発生し、恐慌《パニック》状態に陥っていた。

藩士の気力は喪失し、領民はただ無気力に立ちつくすのみであった。

襲封《しゅうほう》の翌年＝寛延《かんえん》元年（一七四八）十二月、重賢は藩主として、五ヵ条からなる訓諭書を自ら草し、重臣たちに示した。

だが、藩内からはなんの反応も生じない。いかに重賢が意欲を示し、声を大にして意見を求めても、それに答えるものはもはや、藩内にはいなくなっていたのである。

当初の数年間、藩主重賢は何ほどのこともできぬまま、憂悶《ゆうもん》の日々を送っていた。

こうしたおりもおり、蔵元として細川家の財政を曲がりなりにも支えてきた、大坂一の豪商・鴻池《こうのいけ》家が、〝蔵元辞退〟を申し出てきた。

現代風にいえば、赤字つづきの企業に嫌気が差し、再建の見込みなしとみて、主力銀行が手を引いたようなもの。

企業なら倒産となるが、江戸期の大名には倒産がない。それだけに、質《たち》が悪かった。倒産しての会社再生ができないため、再建＝藩政改革を成功させるしか手だてはなかったが、そのためには、藩そのものの信用を回復する以外に手はなかった。が、それを実行するための、全権を委譲するに足る人材が、どうにも藩内からは見つからなかった。

藩政改革の全権を託した人材とは

このとき、困惑した重賢の様子を見ていた御側御取次役《おそばおんとりつぎやく》の竹原勘十郎《たけはらかんじゅうろう》（諱《いみな》は玄路《はるみち》）は、同じ用人《ようにん》の堀平太左衛門《ほりへいたざえもん》（諱は勝名《かつな》）の名を挙げた。

だが、この人物は毀誉褒貶《きよほうへん》が多く、人の好き嫌いが激しい。

とても大役に抜擢できるような器ではなかった。

しかし、ほかに人材は見当たらない。

「非常時の場合の人材は、平時の一般的な尺度でははかることはできませぬ」

勘十郎は、中国の古典を借りて述べるならば、「非常の人あり、然《しか》る後《のち》、非常の事あり、非常の事あり、然る後、非常の功《こう》あり」（『文章軌範《ぶんしょうきはん》』）に相当する内容を主張した。

重賢はこの〝非常の才〟の抜擢を、不承不承に決断する。

なにしろ、参勤交代の費用すらなくなっていたのだから。

宝暦《ほうれき》二年（一七五二）七月、堀平太左衛門は特別職たる「大奉行」となり、藩政を事実上一任された。ときに重賢三十三歳、平太左衛門は三十七歳であった。

平太左衛門のもとに集められた男たちも皆、〝非常の才〟ばかりであった。

たとえば、蒲池喜左衛門《かまちきざえもん》（諱は正定《まさただ》）もその一人。彼は抜けている半面、なぜか妙に開き直ったところがあり、理屈をいう。

――重賢が、鷹狩りにでかけたときのこと。

供《とも》をしていた喜左衛門は、犬を引くように、と命じられたが、

「犬は犬牽《いぬひき》に引かせられたい」

と抗弁し、またあるとき、重賢に清掃を命じられると、

「清掃は掃除坊主にこそ――」

といって、自らは引き受けなかった。

それでも三年、重賢は我慢しつつ側においてみたが、ついに匙《さじ》を投げた。

ところが幾年かのちのある日、重賢はこの喜左衛門に、人をみる目のなかった己れの不甲斐なさを思い知らされることになる。

その日、重賢は郊外の別荘・水前寺《すいぜんじ》成趣園《じょうじゅえん》に出かけていたが、帰途、にわか雨に遭遇した。

そこで重賢は先駆けを走らせ、帰城は普段は使っていない田際門《たぎわもん》（勅使《ちょくし》を迎える門）を通

る旨を通告させた。

この門が、帰路の一番の近道にあたっていたからだ。

硬直の士が、改革を成功に導く

このとき、田際門の警固《けいご》についていたのが、左遷されていた喜左衛門であった。

彼は先駆けの要求、「開門せよ」との命令に対しても、藩主重賢の直命にも、従わなかったのである。

「殿のお体は紙ではあるまい。たとえ雨にぬれ給うたとて、差し支えはない。どうしてそれほどのことで、安易に先例を変ずることが出来ようか。人の上に立つお方が、反復常なく、然様《さよう》に事を改めるのは宜《よろ》しくない。喜左衛門、誓ってこの門は開けませぬ」

怒り心頭に発した重賢だが、門は開かない。

しかたなく遠回りして、いつもの門から城へ入った。その夜であった。

湯を浴びて、平常心を取り戻した重賢は、己れにいい聞かせるごとく、

「危うかった、危うかった」

と繰り返した。何が危うかったのか。

「藩にとって、喜左衛門のような硬直な士こそ、またと得難い人物ではなかったのか」

さすがに名君の重賢は、そのことに気がつき、宝暦四年十一月、この喜左衛門を奉行に抜擢したのであった。

喜左衛門は二十四年もの間、奉行職にあって、「大奉行」の平太左衛門を補佐しつづけた。

「もはや、なにをしても空しい」

とさえいわれた熊本藩が、徐々に、変化しはじめた。

そしてついには、熊本藩の〝宝暦の改革〟は見事成就する。

それを見とどけた重賢は、江戸参勤中の天明五年（一七八五）秋、この世を去った。享年は、六十六。

その死後、この人物は成功した藩政改革と共に、〝肥後の鳳凰《ほうおう》〟と世の人々にあがめられた。

文豪の愛妻？　悪妻？　夏目鏡子

夏目漱石の妻

文豪・夏目漱石の日常生活から、その妻・鏡子《きょうこ》をもし除いたとすれば、少し困る事態になったのではないかと思う。

なにしろ、漱石の文学にこの妻ほど影響を与えた女性はいなかったのではあるまいか。

慶応《けいおう》三年（一八六七）正月五日に江戸牛込馬場下横町《うしごめばばしたよこ》（現・新宿区喜久井町《きくい》）に生まれた漱石は、金之助が本名。父はこのとき五十一歳、母は四十二歳であった。五男末子《ばっし》であり、生後すぐに漱石は里子に出されたが、連れ戻されたかと思うと、再び養子に出され、二十二歳のときに夏目家へ復籍している。

とにかく彼は、明治維新の一つの成果である学歴至上主義の恩恵を、もっともよく受けた人物の一人であった、といえるのかもしれない。

明治十七年（一八八四）に大学予備門予科に入学（二年後、第一高等中学校と改称）。

夏目漱石画像　出典：国立国会図書館「近代日本の肖像画」

途中、腹膜炎のため進級試験を受けられず、落第したことに一念発起して、卒業まで首席を通したという。

予科から本科一部（文科）に進学し、明治二十三年に第一高等学校中学校本科を卒業、九月に唯一の最高学府・帝国大学文科大学（のち東京大学文学部）英文科に入学している。

のちに漱石に文章を書かせ、俳句をつくらせ、ついには小説家たらしめる役割を担った正岡子規《まさおかしき》と出会うのは、本科に進んだおりのこと。二人は同級生であった。

翌年、漱石は特待生となり、月謝は免除。世上ではこの年、二十四歳のおり、駿河台井上眼科で時折顔をあわせた少女に初恋を覚えたともいい、あるいは、敬愛していた嫂《あによめ》（兄・和三郎の妻）の登世《とよ》が、悪阻《つわり》が原因で二十六歳でなくなったときのことを、初恋だというものもいる。

もっとも、漱石自身は自分の恋愛について何も記していない。もっとも親しい友人であった子規は、漱石より早く死んでいるため、こちらにもその証言は残っていない。

背のすらっとした細面《ほそおもて》の美しい人で、――そういうふうの女が好きだとはいつも口癖に申しておりました――その人が見るからに気立てが優しくて、そうしてしんから深《ママ》（親）切でして〈中略〉そばで見ていてもほんとに気持ちがよかったと後《あと》でも申していたくらいでした。いずれ大学を出て、当時は珍しい学士のことですから、縁談なんぞもちらほらあったことでしょう。そんなことからあの女ならもらってもいいと、こう思いつめて独りぎめをしていたものと見えます。

ところが、そのひとの母というのが芸者あがりの性悪の見栄坊《みえぼう》で、――どうしてそれがわかったのか、そのところは私にはわかりませんが――始終お寺の尼さんなどを回し者に使って一挙一動をさぐらせた上で、娘をやるのはいいが、そんなに欲しいなら、頭を下げてもらいに来るがいいというふうに言わせます。そこで夏目も、俺も男だ、そうのしかかって来るのなら、こっちも意地ずくで頭を下げてまで呉《く》れとは言わぬといったあんばいで、それで一思いに東京がいやになって松山へ行く気になったのだと言われております。

（夏目鏡子著『漱石の思ひ出』）

漱石の神経衰弱

もっとも、漱石はこのころ相当に精神を病んでいた。のちの病気の兆候が、すでにあったようだ。鏡子はいう。

とにかく想像の上に想像を重ねて行って、しまいには一つのりっぱな事実――それは自分だけにわかって、人にはわからない――を作り上げてしまうこうした病的な頭を、私はそれからもしばしば実地に見て来ておりますので、このことについても無責任ながらにある疑いをもっております。

（夏目鏡子著『漱石の思ひ出』）

と、どこまでが本当の恋愛であったか、実のところは疑わしいというのである。

明治二十六年（一八九三）に文科大学英文科第二回生として卒業した漱石は、大学院に進み、高等師範学校の英語教師になっている（年俸四百五十円）。

神経衰弱の症状が頻繁に現れるようになるのは、二十八歳頃から（二十四歳頃とも）、漱石はその次の月、何もかもが嫌になったようだ。愛媛県立伊予《いよ》尋常中学校（現・愛媛県立松山東高等学校）の嘱託教員となり、現地へ。そこに、子規が約二ヵ月間転がり込んで同居することになる。

そして、十二月二十八日、上京して貴族院の書記官長（のちの事務総長）の中根重一《なかねじゅういち》の長女、鏡子と見合いして、婚約となる。明治二十八年、漱石は二十九、鏡子は十九であった。鏡子の回想によれば、中根家は備後福山藩の武士であったが、祖父の代で没落し、それを秀才であった彼女の父・重一が、大学に学び官吏になったことで、盛り返したようだ。祖父の碁敵《ごがたき》に小宮山《こみやま》という人がいて、この人の郵便局の同僚が漱石の兄であったという。また小宮山の妻が中根の縁戚（伯母）と友達であったことから、見合いの話が生まれたようだ。漱石は成績優秀で評判はよかった。写真を交換して、それを見た鏡子は、

これまできた写真では、この人になら自分の一生を託しようという気を起こさせるほどの人物らしいものもなかったし、父のほうでもそれほど進んでいたものもなかったようでした。ところがこんどの写真を見ると、上品でゆったりしていて、いかにもおだやかなしっかりした顔立ちで、ほかの（人）の（写真）をどっさりみてきた目には、ことのほか好もしく思われました。　（同上）

見合いの席に漱石は、フロックコートを着て現れたというが、後年の鏡子は何を着ていたか覚えていない、といい、ただ二つの挿話を語っている。

一つは、漱石の鼻の頭にあばたがあったこと。仲人がわざわざ「あばたはありませんよ」と漱石の写真をもってきたおり念をおしたのが、妙に気にかかり、ひょいとみると、鼻の

頭にあばたがあったという。

当時、華族女学校に通っていたおきゃんな時子（妹）も、その時お給仕をしていたのですが、それに気がついたとみえて、玄関に送って出て帰ってしまうと申します。「ねえ、ちょいと、お姉さん、夏目さんの鼻のあたま横から見ても縦から見てもでこぼこしてるのね。あれたしかにあばたじゃない」

そういって母と三人でやっと解放された気で陽気に笑いますと、「そんなこというもんじゃない」と父に苦もなく叱られてしまいました。（同上）

もう一つは引き物に大きな鯛の塩焼きを用意していると、漱石はこの鯛の横腹に「ぱくりと一箸たてて穴をあけ」、一箸かぶりついてなめてしまったという。鯛がそのおりに大きかったのでやめた、と漱石本人はのちに述懐したとか。

漱石はどうであったのか、気をもむ兄に、

歯並《はな》み（歯並び）が悪くてそうしてきたないのに、それをしいて隠そうともせず平気でいるところがたいへん気に入ったと申しましたので、みんなで妙なところが気に入る人だ。だから金ちゃんは変人だよと笑われたそうです。〈中略〉

とにかく父は直接会ってなおさら人物が好もしくなったのでしょう。将来必ずえらくなるといってたいへん嘱望《しょくぼう》しておりました。そうして酒呑みではなし、暮らしも役人よりも危なげはなし、第一人間も堅く、はでではないので、若い娘にはよかろうというようなことも言っておりました。そうしてその後も結婚のことについて夏目から兄さんあてに手紙がきたりすると、それを兄さんから父にまわしてよこすことがありました。そんなものを見ながら、いっそう父はほめて感心していたようです。官吏全盛の世の中に、出入りするものといえばこれまた官吏ばかりなうちに、とにかくあまりぱっとしない中学教師風情《ふぜい》に娘をやろうというからには、父にもよほど見るところがあったのでありましょう。（同上）

二人の結婚生活は翌年六月、熊本においてであった。

すでに漱石は松山中学校をやめ、熊本の官立第五高等学校の講師となっていた（月給百円）。七月には教授に昇任。松山よりは漱石にとって勉強のできる環境であったが、二人の新婚生活は、傍目にはあまり幸せなものには見えなかった。

新婚早々一つの宣告をくだされました。

「俺は学者で勉強しなければならないのだから、おまえなんかにかまってはいられない。それは承知していてもらいたい」というのです。（同上）

漱石と鏡子の結婚生活

結婚してはじめて漱石は知ったようだが、鏡子には朝寝坊《あさねぼう》という悪癖があり、加えて家事が不得意で、五高に出勤するご主人に、朝食も出さないことが珍しくなかった。

のちに漱石は「妻は朝寝坊である。小言を云ふと猶《なお》起きない、時とすると九時でも十時でも寝ておる」と日記でぼやいている。

ところがここにもう一つ困ったことがありました。というのは私は昔から朝寝坊で、夜はいくらおそくてもいいのですが、朝早く起こされると、どうも頭が痛くて一日じゅうぼおっとしているという困った質《たち》でした。新婚早々ではあるし、夫は早く起きてきまった時刻に学校へ行くのですから、なんとか努力して早起きをしようとつとめるのですが、なにしろ小さい時からの習慣か体質かで、それが並はずれてつらいのです。それでも老《とし》よりの女中がいたうちは、目ざとく起きてくれるのでまちがいもありませんでしたが、さてそれを帰してからというものは、時々朝のご飯もたべさせないで学校へ出したような例も少なくありませんでした。

そこでこれではならないというので、枕もとの柱に八角時計をもって来てねていますと、チンと半時間打つたびに驚いて起き上がったりする滑稽《こっけい》を演じなどして、結局眠り不足と気疲れとで、ほんとにしばらくの間ぼんやりしていました。自然やることなすことにへまが多いのでしょう。

「おまえはオタンチンノパレオラガスだよ」

そんなふうにからかうように申します。オタンチンノパレオラガス。どうもむずかしい英語だ。どうせおまえはとんまだよといった意味なんだろうとは察しましたが、はっきりしたわけがわからない。向こうではおもしろがって、なにかというとしきりにオタンチンノパレオラガスを浴びせかけます。いずれむずかしい横文字に違いないと思って、訪ねておいでになるお友達でいくらか心安くなった方をとらまえてはたずねます。しかし誰あって笑ってばかりいてわけを教えてくださる方がありませんでした。オタンチンノパレオラガスという言葉は、そんなことを言われなくたって後々までも、妙に思い出の深い言葉となって頭に残っておりました。

そのころからいっしょに連れ立ってでると、生徒にみられていやだと申しまして、いっしょに散歩や買い物にでたことはまずありませんでした。（夏目鏡子著『漱石の思ひ出』）

一応は幸せそうな二人ではあったが、三年後、はじめの子を流産した鏡子はヒステリー症が激しくなり、井川淵《いがわぶち》に投身自殺を企てる事件を引き起こす。

一方の漱石も、神経衰弱ないし鬱《うつ》病が高じており、日々たのしむことは少なかった。漱石が鏡子夫人に嫌悪感を募らせたのは、家事ダメ、浪費癖あり、芸術に無関心＝悪妻の像が定着したからだというが、決定的とされるのは、明治三十三年（一九〇〇）九月、漱石がイギリス留学を命ぜられて横浜を出帆してからの、英国生活であったようだ。

いくら漱石が手紙を出しても、鏡子からの手紙はなかなか来ない。

国を出てから半年許《ばか》りになる　少々厭気《いやけ》になつて帰り度《たく》なった　御前（鏡子）の手紙は二本来た許りだ　其後の消息は分からない　多分無事だろうと思つて居る　御前でも死んだら子供でも電報位は来るだらうと思つて居る（明治三十四年二月二十日付の手紙）

漱石ファンは、異国で苦しんでいる夫に、この妻の仕打ちは何だ、と憤る。とても作家、芸術家の妻＝良妻賢母とはいえない、内助の功がないではないか。近代文学を研究する者の中には、漱石があれほどの名作を書けたのは、理想的な夫人をめとらなかったからだ、その不平不満が名作を世に出す原動力となった、という人も少なくなかった。

だが、本当にそうであったのだろうか。

前の手紙で漱石は、

段々日が立つと国の事を色々思う。おれの様な不人情なものでも頻《しき》りに御前が恋しい。

是丈《これだけ》は奇特と云つて褒めて貰わなければならぬ。

と述べている。

このとき鏡子は、明治三十二年生まれの長女筆子を育てながら、生まれたばかりの次女恒子をかかえて大変な状況にあった。

加えて母子三人が身を寄せていた、実家の父も失脚してこのとき、職をうしなっている。鏡子の日々はさぞ、戦場のように慌ただしかったのであろう。

それでも彼女は、夫に手紙を書いた。長文である。

鏡子から夫・漱石への手紙

二月廿日《はつか》に御出しに相成候御手紙は　先日拝見致し候　あなたも御変りもなく結構でございます　こちらでは皆々丈夫で暮らしています　御安心下さい　東京では今が丁度御花見時で　暖かく好い気候で　上野あたりは人の出る事たろうと思ます

至極あっさりとした書き出しであり、その中味も鏡子らしい。

あなたの帰り度なつたの　淋しいの　女房の恋しいなどとは　今迄にないめつらしい事と驚いて居ります　しかし私もあなたの事を恋しいと思ひつゝけている事は　ま

けないつもりです　御わかれした初の内は夜も目がさめるとねられぬ位　かんかへ出してこまりました　けれ共之も日か立てはしぜんと薄くなるだらうと思ひていました処《ところ》　中ゝ日か立てもわすれる処かよけい思ひ出します　これもきつと一人思でつまらないと思つて　何も云はすに居りましたが　あなたも思ひ出して下されば　こんな嬉しい事はございません　私の心か通したのですよ　然《しか》し又御帰りになつて御一処に要たら又けんくわをする事だ（ら）うと思ひます　私か小供か死だら　電報位は来るだらうとの事　私は御留守中いくら大病にかゝても　決して死にませんよ　どんな事があつてもあなたにおめにかゝらない内は死なゝい事ときめていますから　御安心遊ばせ〈中略〉
これでおしまい　母が夏目さんから手紙がきた様らしきとうしたのかと思つたと中居候　筆は不相変《あいかわらず》あばれています　御送りした写真を御覧遊はしたでしやう　此手紙は御覧遊はしたら破いて下さい　四月十二日夜　鏡　金之助様御許。

（明治三十四年四月十二日付の手紙　夏目鏡子著『漱石の思ひ出』所収）

筆者は存外、この夫婦はうまくいっていたのではないか、と思う。

留学から戻ってきた漱石はますます神経衰弱がひどく、誰かに監視されているとの妄想がひろがり、ときに激しいかんしゃくの発作を起こしたが、妊娠中で実家にあった鏡子は周囲に漱石との離婚を勧められても、決してこれに同意しなかった。

私が不貞をしたとか何とかいうのではなく、いわば私に落ち度はないのです。なるほど、私一人が実家に帰ったら、私一人はそれで安全かもしれません。しかし子供や主人はどうなるのです。病気ときまれば、そばにおって及ばずながら看護するのが妻の役目ではありませんか。（『漱石の思ひ出』）

そういえば、『坊っちゃん』の中に主人公が唯一愛情を抱く老女中の「キヨ」から、長くて文章のへたな手紙が送られてきて、それをいくども読み返す場面《シーン》があった。鏡子夫人からの長文をくり返し読んだおりの漱石に重なったのだが、いかがであろうか。

漱石は大正五年（一九一六）十二月九日、五十歳でこの世を去った。

鏡子はその後、四十七年を生きて昭和三十八年四月十八日に亡くなっている。享年は、八十七歳であった。

近代大阪を独力で築いた市長　関一

大阪を築いた男

　昭和の初期に、

「わが国市政《しせい》界の至宝」

と称賛された、ひとりの市長がいた。

市長職にあった一代で、〝空前絶後〟ともいえる事業を断行。今日の大阪全体を、ほぼ独力で創り上げたといっても過言ではない。

第七代大阪市長・関一《せきはじめ》――恰幅《かっぷく》のよい体格に、メガネの奥から光る眼差《まなざ》しが鋭い。

いかにも、意志が強そうだった。

関の生涯は、その類《たぐ》い稀《まれ》な先見性のゆえに、周囲の人々から誤解され、疎まれ、それでもなお、世間の習慣・慣習を相手に、格闘しなければならなかった点に、特徴があったといえる。

――本来、関は大阪とは無縁の人であった。

明治六年（一八七三）九月二十六日、伊豆に旧幕臣の長男として生まれている。

その後、三歳で東京へ戻り、高等商業学校（のち東京高等商業学校と改称、現・一橋大学）に学んだ。学業の半ばで父が病没し、苦学を強いられたが、同二十六年には優秀な成績で卒業している。

欧米列強に追いつくべく、がむしゃらに努力していた当時の日本で、関はもっとも不足していた新時代の経済人育成を目ざして、情熱を燃やしていた、と伝えられている。

関一画像　出典：国立国会図書館「近代日本人の肖像」

が、関は文部省に入省したにもかかわらず、官僚の世界に馴染めなかった。

わずか一年で退職。後進の教育に目をむけて、兵庫県立神戸商業学校の教諭、新潟県下の商業学校長兼教諭などをつとめ、明治三十年、母校の教授に迎えられて東京へ戻った。

ときに、二十五歳。

関個人にとっても、のちの大阪市民にとっても幸運だったのは、翌三十一年から満三年間に及ぶ、関の白耳義《ベルギー》・独逸《ドイツ》への留学であったろう。

関はこの外遊中、開催されていた仏蘭西《フランス》・巴里《パリ》の万国博覧会に立ち寄り、そこで開業わずか三週間の「電気地下鉄道」、すなわち地下鉄に乗車する機会に恵まれた。

交通政策を中心とした都市政策を実地に学んだ関は、その後、亜米利加《アメリカ》にも渡っており、このおりに世界第一の富豪と、「貧民窟《ひんみんくつ》」の両極の生活を目のあたりにしている。

帰国後、日本は日清・日露の戦いに連勝し、ようやく世界の一等国の仲間入りをはたしたものの、その内実はあまりにも貧弱であった。

世界をみた関の目に、その落差がどのように映っていたであろうか。

関は花形教授として、都市政策の論文、著書をつぎつぎに発表、そして法学博士となった。

しかし、心は満たされない。

空理空論を排して実学を尊重する関にすれば、都市政策を評論するだけでなく、政策を自らの手で実際に推進してみたい、との思いが強くなっていたからだ。

そんな関のもとへ、池上四郎《いけがみしろう》大阪市長から「高級助役」としての招聘《しょうへい》が、三顧《さんこ》の礼をもってなされた。蛇足ながら、この池上市長は秋篠宮妃《あきしののみやひ》・紀子《きこ》さまの母方の、曾祖父にあたる。

関はすさまじい学内の反対運動――高等商学校の教授は、大阪市の助役より地位がはるかに高い、との思い込みによる――を振り切り、大阪へむかう。

ときに、四十二歳。

助役に就任した関は、大正三年（一九一四）九月三日、大阪市議会に姿を現し、その着任の挨拶で、

「――英国における政治の中心は倫敦《ロンドン》であるが、経済の中心は曼府《マンチェスター》で、かの国の諺《ことわざ》にも今日マンチェスターに於《お》いてい える所は、明日のロンドンに於てこれ従うといわれる。思うに将来では、〝今日、大阪の主唱せる所、明日、東京の従う時ある〟を信ずる」

といい放った。

大阪を経済面において日本一にし、東京を従えさせるというのだ。

これを聞いた市議会議員の反応は、冷ややかであった。

「なにを学者ふぜいが」

「なにが東京を従わせるや」

彼らは冷笑したという。

大阪人にして、本気で大阪が東京を凌駕《りょうが》すると考えた者は、この時代、皆無に等しかったであろう。最初の任期の四年間、関は何ひとつ行動を起こさなかった。

「やはり食わせ者か」

人々が侮蔑《ぶべつ》の色を顔に浮かべはじめたとき、正確には、大正七年八月三日、富山県下で米価騰貴を契機とする、「越中女一揆《えっちゅう》」に端を発した民衆の暴動＝「米騒動」が、全国的に広がった。

大阪では集団禁令が発布され、戒厳令下にも似た様相となる。

すると関は、突如として行動を開始した。

それも生半可なものではない。自らが四年の歳月をかけて調査し、構想した、「大《だい》大阪開発計画」の端緒としての行動だった。

「大大阪開発計画」の実行

まず、関の発案によるわが国最初の市設市場が低廉の米を売り、ついで日雇い労働者のためには職業紹介所、単身労働者や失業者には共同宿泊所、ほかにも託児所、児童相談所、失業保護施設、さらには浴場に住宅などが創設される。

関は大阪市内の米騒動を、発生六日目で鎮静化した。

多くは関の考案による、市長直属の労働調査係（のち労働調査課）が中心となってつくりあげたものであったが、大阪の人々は関の恐るべき力量を思い知らされる。

「上を見て煙突を数えるだけでなく、下を見て労働者（市民）の状態を見よ」

関が口ぐせとした言葉である。

大正十年（一九二一）、関は市民の猛反対を受けながら、二億数千万円という当時としては巨額を投じて、第一次都市計画事業に着手した。

高等文官試験（のち国家公務員上級職試験）に合格した公務員＝高等官の基本給が、月俸七十円の時代である。

二年後、市長となった関は、大正十四年に第二次計画を断行。大阪市は隣接町村を編入し、一挙に全国第一位の土地（延べ百八十一・六八平方キロメートル）と人口（二百十一万人）を擁することになった。世界的にも、人口では第八位に順位付け《ランキング》されている。

大阪にとっては未曾有の大躍進であったが、それまでにも関の計画は、多くの人々の反対に遭い、右の市域拡張については、内務省ですら時期尚早を理由に反対するありさま。

だが、関は屈しなかった。

「今もしこの計画が実現せず、あるいは淀川右岸の地が編入より除かれれば、これからの大阪市の人口膨張は歯止めがきかなくなる。過密の人口は周辺町村に流れる。この人口を受け入れる町村は、各々の貧弱な財政でこれを支えられず、危険な密集住宅化は必然となり、学校も、医療機関も後手にまわってしまう」

関はさらに、中央市場の開設、御堂筋《みどうすじ》大拡幅の着工、市バスの開始、大阪港の拡張、大阪商科大学（のちの大阪市立大学）の創設、「大阪城天守閣」の建設、地下鉄（梅田《うめだ》―心斎橋《しんさいばし》間）開通、南港の埋め立てと、矢継ぎ早に「大大阪開発計画」を実行に移していった。

この間、国内の景気は必ずしも安定せず、財源確保の困難さに加えて、素朴な市民感情の反発は想像を絶した。

今日、大阪の名所の一つとされる、御堂筋の銀杏《いちょう》並木の幹線道路を敷設《ふせつ》したときも、船場《せんば》の旦那衆《だんなしゅう》は、

「市長は船場に、飛行場をつくる気か」

と頑強に土地の買収を拒んだ。

大阪の道路は大正時代まで、あまりにも狭隘《きょうあい》な状態のまま放置されていた。とにかく狭い。街区整備がもっとも進んでいた船場、島之内でさえ、道路の幅は東西が四間三分（約八・一メートル）、南北が三間三分（約六・三メートル）といった粗末さであった。

その街路を自動車、自転車、荷車、人力車、馬車、牛車が絶え間なく往来していた。

荷馬車の馬がポトリポトリと、ほのかに湯気のたつ馬糞《ばふん》を落としながら歩き、肥桶を満載した牛車が、のそりのそりと往来を横ぎっていく。

その間隙を縫うように、丁稚《でっち》がハーモニカを吹きながら自転車で駆け抜け、自動車も走っているというあんばいであった。

このような混線した状況では、輸送量と速度《スピード》の飛躍的な増加が望めなかったのだが、現状に慣れた目には幅員二十四間（約四十三・六メートル）の御堂筋は、破天荒な想像を絶したものであったに違いない。

「市当局は、船場のど真ん中に稲を植える気か」

と、真顔で発言した市議会議員もいたほどである。

市営地下鉄開通と室戸台風

地下鉄工事では「ビルが傾く」「振動で電球が切れた」「子供が寝つけんやないか」と騒音、振動の苦情に加え、感情的な反対意見が、ありとあらゆる形で市役所に殺到した。

工事は遅々として進まず、新聞各紙の批判も厳しかった。

関の東京高商時代の教え子で、のちに朝日放送の社長となった飯島幡司《いいじまもんじ》は、地下鉄工事が行き詰まっていた当時を、次のように述懐している。

ある日の夕方のことである。私は市長室で暗い顔の先生（関）と対座していた。

「地下鉄も評判が悪いですなあ」

と私は言わずもがなのことを言ってしまった。先生はチラと私の顔をみられた。それから面を伏せてしばらく黙っておられた。

やがて先生は結んだ口もとに見えぬほどのうす笑いをうかべて、

「出来上がったら、みんな喜ぶよ」

と軽く投げ出すようにつぶやいた。〈中略〉私は眼底の熱くなるのを意識しながら先生について部屋を出た。

昭和八年（一九三三）五月二十日、わが国最初の市営高速鉄道「地下鉄」は、梅田―心斎橋間に開通する。

一方で関は、「大大阪に恥じざる体裁」を造るべく、開発に余念がなかったが、年々累積するばかりの市債について、はたして返済しえるかどうか、と心配する市議会議員の説得にも当たらねばならなかった。

「大丈夫、心配することはありません。大阪の実力は大したもの、大阪市は、つぶれはしませんよ」

関は大阪市を、一つの企業体と考えていた。

顧客である市民のことを考え、実行し、それで企業がつぶれるはずはない、との信念が彼にはあった。

関の死は、市長在職中の昭和十年一月に突然、訪れる。

前年の室戸《むろと》台風の被災復興に陣頭指揮をとった関は、

「最善の努力を尽くして、一刻もはやく電灯（気）をつけるように——」

と指示を与え、市街の片付けと医療品や生活物資の配給をこと細かく采配《さいはい》、うろたえる職員に、

「静かにしたまえ」

珍しく、一喝する場面もあった。

その心労から、ついに倒れた。

〝関市長重体〟の報は、たちまち大阪を駆けめぐった。

一般市民から見舞い電報が山をなし、やがて多くの人々から輸血の申し出が相次ぎ、生國魂《いくくにたま》神社では平癒祈願をする人が列をなした。

　だが、多くの人々の祈りも虚《むな》しく、一月二十六日午後十一時十分、関はその生涯を閉じた。壮絶としかいいようのない、最期であった。

　主治医の熊谷謙三郎（大阪市立桃山病院長）は語っている。

「市長は苦悶《くもん》の中、しばしばうわ言を述べられたが、そのうわ言は全部、役所関係、予算関係のことのみで、家族のことは一言も聞くことがなかった」

　かつて、関の「大大阪計画」に驚嘆し、悲鳴をあげ、憤慨した同じ市民が、八万人という空前絶後の列をなして、ひとりの市長を嗚咽《おえつ》にむせびながら見送った。

　関は逝き、大阪が東京以上に輝いた日々は終息をみた。

　そして二度と、大阪が東京を凌駕することはなくなった。

　大阪はいつしか、一地方都市になってしまったようだ。

第五章
己れを信じる

報恩に生涯を捧げた男　久米栄左衛門通賢

〝獅子熊どん〟の勉学

本州と四国を結ぶ瀬戸大橋――その四国側の玄関口が、香川県坂出市《さかいで》である。

ここは昭和三十年代まで、全国の塩の三分の一以上を生産していた。

しかし、この市場占有率《シエア》を占めたのは、江戸時代も幕末に近い文政《ぶんせい》年間（一八一八～一八三〇）、一人の人物が登場して、坂出塩田を開拓してからのことであった。

この開拓者の名を、久米栄左衛門通賢《くめえいざえもんみちかた》という。あだ名を〝獅子熊どん〟といった。

彼は安永《あんえい》九年（一七八〇）、農業のかたわら船乗りをする、讃岐国大内《おおち》郡引田《ひけた》郷馬宿《うまやど》（現・香川県東かがわ市）の百姓の子に生まれた。

生まれつき学問が好きであったようだが、時代はいまだ幕末にいたっていない。ときおり日本近海に、外国船が往来するぐらいで、まだまだ日本中には緊張感がなかった。

そのため百姓の小倅に、学問の道が開かれることはなく、栄左衛門は五、六歳のころから粘土細工を作っては、気を紛らわせることぐらいしか、己れの才を発揮する場所が与えられなかった。

獅子と熊の粘土細工が得意で、高松藩主・松平頼起《まつだいらよりおき》の世子に、土偶《どぐう》（土人形）を献上して褒賞されたことなどから、誰いうとなく〝獅子熊どん〟と呼ばれるようになったという。

彼には、大坂見物での挿話が残っている。

父と共に船乗り仲間と大坂見物にいったおりのこと、心斎橋の時計店で、舶来の懐中時計の修理を頼みに来た客にでくわした。

店主は外国製ゆえに、と修理代六両を見積もったが、やりとりを聞いていた〝獅子熊どん〟は、「私なら二両で結構です」と、その場で店主から道具を借り、歯車の調整と分解掃除をして、時計を修理してみせたというのだ。学問は積んでいなかったが、手先は器用であったのだろう。だが、彼を取り巻く環境は、旧態依然のまま。向学心はあっても、貧しい家庭を思えば「学問がしたい」などとは、口にも出せない毎日がつづいた。

その彼が十九歳になった時、思いもよらなかった大坂での学問の道が、ふいに開けた。

隣村の豪農が、病弱なわが子の大坂遊学に、「学友」としてついていってくれないか、と〝獅子熊どん〟に持ちかけてくれたのである。費用はすべて先方もち。父母も同意してくれた。

〝獅子熊どん〟は四歳年下の豪農の息子とともに、蘭学者・間重富《はざましげとみ》の門下生となる。師の間は日本に西洋天文学を導入した麻田剛立《あさだごうりゅう》の高弟であり、同門には幕府の天文方に就職する高橋至時がいた。先述（第一章）の通り、全国地図を作って勇名をはせる測量家の伊能忠敬は、高橋の年長の弟子であった。

間は代々が質屋という分限で、蔵を十一棟もつ富豪であったことから、〝十一屋五郎兵衛〟などとも呼ばれた。商人であるため、幕府の天文方には登らなかったが、ありあまる財力を傾けて、測量機器などを輸入し、それらを自ら改良。彼の家塾には、日本一とまでいわれた豊富な教材が揃っていた。

間の門下生となった〝獅子熊どん〟は、蘭学の基礎と科学技術の初歩――麻田流の天文暦学に、師の間が独自の実践を加えた測量の実技を身につけるべく、勉学に勤しんだ。

ところが四年後、突然の父の訃報《ふほう》がもたらされる。

学問はいまだ途上であるが、郷里には年老いた母親が残されていた。一睡もせず一晩考えた〝獅子熊どん〟の出した結論は、郷里に帰って父の跡を継ぐというものであった。

師にその決意を涙ながらに伝えると、間は「是非《ぜひ》もないか」と思わず誘われて涙ぐみ、それでも学問は生涯をかけても決して尽きるものではないから、続けよ、と諭した。

またたく間に歳月は流れ、〝獅子熊どん〟こと栄左衛門は、二十七歳の文化《ぶんか》三年（一八〇六）を迎える。この年、四国に大旱魃《かんばつ》がおこり、農作物の被害は四国全土に及んだ。ときの藩主（八代）・松平頼儀《よりのり》は、「讃岐《さぬき》三白《さんぱく》」と呼ばれた綿と砂糖、そして塩の増産をはかるべく、讃岐全土の正確な地図を必要とする。

このとき彼が白羽の矢を立てたのが、己れの学んだ天文暦学の成果を冊子にして、藩庁へ献上した、かつて自分に土偶を贈ってくれたこともある栄左衛門であった。

自らの製作による測器を携え、彼は測量助手十人とともに、半年で見事地図を作成する。この半年間、栄左衛門は誰よりも早く起きて明星を仰ぎ、昼も助手以上に働き、夜は誰よりも遅く宿に帰る生活をつづけた。

彼の測量法は、天文測量＝「規矩術《きくじゅつ》」と呼ばれたもので、のちの図根《ずこん》三角測量を中心に、天文＝星と土地の位置関係を測定し、誤差を修正するもので、その正確さはやがて伊能忠敬を驚嘆させることになる。

文化五年八月、第六次四国沿海測量のため讃岐へやって来た忠敬（六十五歳）に対して、藩では栄左衛門（二十九歳）にその接待・案内役が命じられた（同十一月まで）。

このおり栄左衛門が持参した彼の讃岐の地図をみて、忠敬はその正確さに驚く。

事実、のちに忠敬がつくったものと比較しても、栄左衛門のそれは同等以上の正確さを持っており、距離を算出する「地平儀」という測器に関しては、忠敬の使用したものの二・五倍の精度があったことが証明される。

報恩の精神

文化六年（一八〇九）、高松藩天文測量方を拝命した栄左衛門は、士分《しぶん》の待遇をうけることになり、翌年には苗字帯刀を許された。「久米通賢」の誕生である。

さて、讃岐高松藩の財政――幕末が近づくにつれ、諸侯はこぞって財政逼迫に陥ったが、比較的〝三白〟にめぐまれた高松藩でも、例外とはなり得なかった。

親藩十二万石の格式、面子《メンツ》はなかなか捨てられず、幕府への六万両の貸し出しや手伝普請による十四万両の支出など、天災に加えての度重なる出費で、藩の台所は火の車となっていた。

そのため、〝三白〟増産をおもいたった藩主頼儀は、栄左衛門に地図の作成を命じたのだが、地図はできても財政再建の方策がなかなかまとまらなかった。

そうこうするうちに、文政《ぶんせい》四年（一八二一）五月、頼儀が病気となり養世子・頼恕《よりひろ》（水戸藩主・徳川治紀《はるとし》の三男である〝烈公《れっこう》〟こと斉昭《なりあき》の実兄）が藩主に就任。この間、文政元年に、藩士の禄の半分を返上させる処置をとったが、大干魃や洪水により失敗し、こえて文政六年にも同様の処置をとったが、しょせんは焼け石に水のありさまでしかなかった。

「どうしたものか――」

さすがに行き詰まった藩主頼恕の前に、高松藩開闢《かいびゃく》以来の財政再建策を建白したのが、栄左衛門であった。

建白書の中で彼は、砂糖製造業者を保護し、栽培費用や肥料代などを安い利息で貸し出して、各郡の砂糖会所を通じて販売の促進をはかり、利息とともに運上金（税）をとることと、坂出塩田と宇多津《うたづ》塩田を開き、収益をはかることを述べた。

なお、栄左衛門は三ヵ年間の猶予で、自分に任せてくれるならば、必ず立派な塩田を開拓してみせます、ともいい、

「もし、私の計画が見込みちがいでありますならば、死罪を仰せられてもかまいませぬ。私は藩と領民のためなら、いつでも生命《いのち》を投げ出す覚悟はできております」

といい切った。栄左衛門、四十六歳。

彼は讃岐全土の測量をおこなった頃から、坂出海岸が塩田に適していることを摑み、建白書を差し出す前には、海岸の地勢や潮の満ち引きの観察などもおこなっていた。

また、阿波・伊予・中国地方の塩田を巡って視察もし、製塩方法のみならず、販売方法にまで立ちいって調査をしていた。

「砂糖と塩を合算して、米高に換算すれば、年間二千石の増収は可能です」

栄左衛門の建白書は、藩上層部にとって、おそらくは目新しいものではなかったろう。

高松藩にも、財政の才ある者はいたはずだ。

だが、厳しい節約や藩士の年俸半減をおこないながら、一方で塩田開拓に二万両をつぎ込む決断ができなかったのである。否、断行する勇気と責務をまっとうする自信がなかったのだ。誰もが二の足を踏んでいた、というのが実際であったろう。

換言すれば、藩士たちには生命《いのち》懸けの覚悟がなかった。そのため、栄左衛門の建白書を藩庁で検討しても、「狂気の沙汰ではないのか」「時期尚早にすぎる」といった意見しかでてこない。なかには、成りあがりの栄左衛門を毛嫌いする者もあり、塩田開墾の出費で、ますます私生活が困窮することを恐れ、徒党を組んで屋敷に押しかけ、手当たりしだいに家財道具を叩き壊して、あげく、栄左衛門の胸ぐらを摑んで、

「今すぐ、あの建白書を願い下げにしてこい」

とわめく藩士もあった。

このとき、栄左衛門には妻のみき、長男の市太郎とその嫁のお道、孫の房太郎、次男の富士太郎、三男の伝五郎の七人の家族がいた。あまりの狼藉にたまりかね、子供たちが刀を取ろうとすると、栄左衛門はそれを目で制し、

「今すぐにご理解いただくのはむりであろう。しかし、五十年先、百年先の讃岐の人々は、かならず理解してくれる。わたしは、それだけで本望です」

悠然と答えた。

塩田開発と莫大な借財

塩田開拓に関する調査で、すでに栄左衛門は先祖伝来の用地に手をつけていた。御徒並《おかちなみ》三人扶持を給されているとはいえ、生活は貧しく、衣食はみすぼらしかった。

それでもなお、彼をつき動かしていたのは、感謝の一念、報恩の思いであった。

大坂への勉学を許してくれた貧しい父母、費用を出してくれた豪農家、師の間重富、地図を作らせてくれた藩主頼儀、あるいは伊能忠敬。胸ぐらを締め上げた藩士にすら、彼は感謝の気持ちをもっていた。その思いは、藩主頼恕にも通じたようだ。

文政九年（一八二六）三月、塩田開発の許可はおり、栄左衛門は郷普請奉行に任じられた。

塩田開発は、予想を超える難事業であった。人夫はのべにして十九万三千八百余人をつぎこみ、工期も当初の三年をこえ、三年半を費やしている。その費用は二万両を超えた。その超過分の中には、栄左衛門が投げ出した私財、個人的に借りた借財などが含まれており、天保《てんぽう》三年（一八三二）になっても、彼の借財は一千二百六十五両も残っていたという。

坂出塩田は文政十二年八月に竣工した。百十五町歩《ちょうぶ》（約百十五ヘクタール）の塩田と百二十町歩の耕宅地が出現。翌九月、栄左衛門の功績を顕彰すべく、墾田之碑が建立されたが、藩の被った塩田の恩恵に比べ、栄左衛門は生涯、莫大な借財を抱えたまま、金銭的には恵まれなかった。その後、大きな活躍の場をも与えられず、天保十二年五月七日に、享年六十二で没した彼を、後世の筆者は残念でならない。

栄左衛門は苦しい公務、家計のかたわら、〝ドンドロ付け木〟（初歩のマッチ）を製造し、それを応用した鉄砲の技術改良などにも大きな業績をあげていた。

もし、この人物により大きな活躍の舞台が与えられたならば、さぞかし……と思うのは、筆者だけではあるまい。しかし栄左衛門は、こう答えて首を横にふるかもしれない。

「いえいえ、人間、やれることは限られておりますから――」

津波から人々を救った男　濱口儀兵衛

生き神様と崇められる

ときに「大和心」が、「武士道」と混同されるのは、双方共に、生命《いのち》を懸ける直向《ひたむ》きさがあったからかもしれない。

しかもその尊い行動は、いざという場にいたらなければ、発揮されることはなかった。

昭和五十八年（一九八三）の五月二十六日、正午より少し前に発生した日本海中部地震は、マグニチュード七・七を記録した。青森と秋田の両県を中心に、東北地方全域にわたって、甚大な被害をもたらしたことは、今も忘れられない。

とりわけ、死者百四人のうち、百人までが津波による犠牲者であったところに、このおりの地震の特徴があった。津波は地震発生後、時間をあけて人々に襲いかかってくる。

たとえば、男鹿《おが》半島の加茂青砂《かもあおさ》海岸——ここに遠足へ来ていた小学生四十三人と引率の先生二人は、目的地につく途中で強い地震に遭遇した。

そして、その後、海岸にマイクロバスで到着したのだが、地震はおさまっており、海もおだやかに静まりかえっていたという。そこで、せっかく浜に到着したのだから、と子供たちは先生と、楽しい昼食の弁当をひろげはじめた。

と、そのときであった。海面がにわかに高低をつくってうねり、津波が押し寄せてきた。津波は子供たちを、一瞬のうちに飲み込んでしまう。

懸命の救助作業にもかかわらず、ついに小学生十三人が生命を落としてしまったことを、新聞で知ったおり、筆者はかつての国定教科書に掲載された、「稲むらの火」のことを、反射的に思い出さずにはいられなかった。

あの話さえ知っていれば、もしかしたら子供たちは助かったかもしれない、と。

以下、その原文（一部省略）である。

「これは、ただ事でない」

とつぶやきながら、五兵衛は家から出て来た。今の地震は、別に烈《はげ》しいといふ程のものではなかつた。しかし、長いゆつたりとしたゆれ方と、うなるやうな地鳴りとは、老いた五兵衛に、今まで経験したことのない不気味なものであつた。

五兵衛は、自分の家の庭から、心配げに下の村を見下《みおろ》した。村では、豊年を祝ふよひ祭の支度に心を取られて、さつきの地震には一向気がつかないもののやうである。村から海へ移した五兵衛の目は、忽《たちま》ちそこに吸附《すいつ》けられてしまつた。風とは反対に波が沖へ沖へと動いて、見るみる海岸には、広い砂原や黒い岩底が現れて来た。

「大変だ。津波がやつて来るに違ひない」と、五兵衛は思つた。此《こ》のまゝにしておいたら、四百の命(村人の数)が、村もろ共一《ひと》のみにやられてしまふ。もう一刻の猶予は出来ない。

「よし」

と叫んで、家にかけ込んだ五兵衛は、大きな松明《たいまつ》を持つて飛出して来た。そこには、取入れるばかりになつてゐるたくさんの稲束が積んである。

「もつたいないが、これで村中の命が救へるのだ」

と、五兵衛は、いきなり其《そ》の稲むらの一つに火を移した。風にあふられて、火の手がぱつと上つた。一つ又一つ、五兵衛は夢中で走つた。かうして、自分の田のすべての稲むらに火をつけてしまふと、松明を捨てた。〈中略〉

稲むらの火は天をこがした。山寺では、此の火を見て早鐘《はやがね》をつき出した。〈中略〉

村中の人は、追々集つて来た。五兵衛は、後から後から上つて来る老幼男女を一人々々数へた。集つて来た人々は、もえてゐる稲むらと五兵衛の顔とを、代るがわる見くらべた。

其の時、五兵衛は力一ぱいの声で叫んだ。

「見ろ。やって来たぞ」

たそがれの薄明かりをすかして、五兵衛の指さす方を一同は見た。遠く海の端に、細い、暗い、一筋の線が見えた。其の線は見るみる太くなつた。広くなつた。非常な速さで押寄せて来た。

「津波だ」

と、誰《だれ》かが叫んだ。海水が、絶壁のやうに目の前に迫つたと思ふと、山がのしかゝつて来たやうな重さと、百雷の一時に落ちたやうなとゞろきとを以《もっ》て、陸にぶつかつた。〈中略〉

人々は、自分等の村の上を荒狂つて通る白い恐しい海を見た。二度三度、村の上を海は進み又退いた。

高台では、しばらく何の話し声もなかつた。一同は、波にゑぐり取られてあとかたもなくなつた村を、たゞあきれて見下してゐた。

稲むらの火は、風にあふられて又もえ上り、夕やみに包まれたあたりを明かるくした。始めて我にかへつた村人は、此の火によつて救はれたのだと気がつくと、無言のまゝ五兵衛の前にひざまづいてしまつた。

実話をもとにした「稲むらの火」

この「稲むらの火」が国定教科書として、尋常小学校五年、六年用に使われたのは、昭和十二年（一九三七）から戦後まもない昭和二十二年の三月までの間であった。

検定教科書の時代に移ると、徐々に姿を消し、一九六〇年代にはいつしか見かけなくなってしまった。筆者はそのことが、今も残念でならない。

――じつはこの話は、実話をもとにしたものであった。

幕末の嘉永《かえい》七年（一八五四）に、実際に起きた、安政南海地震において、御三家の一《いっ》・紀州藩の領内、有田《ありだ》郡広村《ひろむら》（現・和歌山県有田郡広川《ひろがわ》町）での出来事に取材したものであった。

こちらの地震は、マグニチュード八・四と推定されている。

しかも前日の十一月四日（新暦十二月二十三日）にも、安政東海地震が起きていた。マグニチュードは、明日と同断であった。

作中の五兵衛は、正しくは濱口儀兵衛《はまぐちぎへえ》といい、号して梧陵《ごりょう》。下総《しもうさ》国銚子《ちょうし》（現・千葉県銚子市）で醤油製造業を営んでいた人物である。彼が扱った醤油は、今日、「ヤマサ醤油」として現存している。

当時、広村に在住していた儀兵衛は、この年、三十五歳であった。

濱口梧陵画像　出典：国立国会図書館「近代日本人の肖像」

前日の安政東海地震は、地震の震源地から遠かったため、幸いにして広村にはさほどの被害を与えなかったようだ。

ところが、安政南海地震は家屋に多大な損害を与え、〝大砲のとどろくような音〟とともに大津波の来襲となった。

国定教科書の場面は、より正確を期せば、第一波の津波が去ってのちのことであった。

古老たちから、津波の恐ろしさを聞いていた儀兵衛は、

「津波は再び来る」

と確信し、高台の廣八幡《ひろはちまん》神社まで村人たちを避難誘導しようとしたが、すでに陽は暮れて、あたりは真っ暗になっていた。

方角を的確に示さねば、村人たちはそれこそ右往左往して時を費やしてしまう。

儀兵衛は躊躇することなく、松明で道筋にあたる水田の稲むらに、次々と火をつけ、避難地を赤々と示し、逃げ道を確保した。

村人たちを救った燃える稲むらは、まもなく襲ってきた第二波の津波によってかき消されるほど、凄まじいものであった。

其《そ》の激烈なる事、前日の比に非《あら》ず。瓦《かわら》飛び、壁崩れ、塀《へい》倒れ、塵烟《じんえん》空を蓋《おお》ふ

（儀兵衛の手記）

結局、津波は四度来襲、村々の家屋、田畑に襲いかかったが、儀兵衛の機転は多くの村人たちの生命《いのち》を救った。

波乱万丈の生涯

それから四十二年後の明治二十九年（一八九六）六月十五日、後世にいう「明治三陸地震」――約二万二千人の死者を出す大災害――が発生した。

この悲惨な報道《ニュース》が全国に伝えられる過程で、「濱口儀兵衛」の快挙＝「稲むらの火」が、改めて大阪毎日新聞に載った。これを読み、感動したのが、小泉八雲《こいずみやくも》（ラフカディオ＝ハーン）であり、彼はこの美談をもとに「A Living God」（生ける神）を、アメリカの『大西洋評論』誌上に発表した。

この時点で儀兵衛は、「五兵衛」に改められ、壮年から老人にされてしまったようだ。

蛇足ながら、この八雲の短編に感銘を受けた人物がいた。

昭和に入って、和歌山県下の小学校で教員をしていた中井《なかい》常蔵《つねぞう》という青年であった。彼が国定教科書の教材公募に、郷里の物語を応募して入選。それが冒頭の、「稲むらの火」となったのである。

もっとも、史実の儀兵衛の活躍は、むしろ津波から村人を救った、そのあとにこそ発揮されていた。彼は莫大な私財を投じて、大堤防の築造に着手している。

なぜ、そのようなことをしたのか。津波の被害があまりにも大きく、村人が失意のなか離村していく姿を見て、それを防ごうとしたのである。

家や田畑を失い、困窮する村人たちに、防波堤の工事に参加させることで収入を与え、生きていく希望を持たせようとしたのだ。職を失った村人たちは、儀兵衛に手をあわせ、懸命に堤防造りに励んだ。

四、五百人の人々が、延べ五万六千七百三十六名も従事し、四年近くをかけて、ついに大堤防は完成した。

この防波堤がその威力を発揮したのは、大正十二年（一九二三）、またしても津波が押し寄せてきたときであった。旧石垣の堤防を楽々と越えた波浪も、儀兵衛たちの築いた大堤防を越えることはできなかった。

また、この大堤防は昭和二十一年（一九四六）の津波にも活躍している。

村人たちに生きる力を与えた儀兵衛は一方で、幕末の幕府、明治の新政府から招聘《しょうへい》された有為な人物でもあった。

文政《ぶんせい》三年（一八二〇）六月十五日、広村に生まれた儀兵衛は、二歳で父を失い、厳格な母の手で育てられた。十二歳で濱口本家の養子となり、〝七代目儀兵衛〟を襲名している。

濱口家の醤油造りに励む一方、村の行政にも参画。一方で時代の方向を見据えて、蘭学修行もおこなっていた。

蘭学者・三宅《みやけ》艮斎《ごんさい》、佐久間《さくま》象山《しょうざん》、勝《かつ》海舟《かいしゅう》とも交流があり、肥前唐津藩世嗣《せいし》（のち幕府老中）の小笠原《おがさわら》壱岐守《いきのかみ》長行《ながみち》の知遇も得ていた。

これは幕府の外国方、田辺《たなべ》蓮舟《れんしゅう》の引きであったといわれているが、儀兵衛は天下の老中を前に、臆することなく日本の開国を弁じたと伝えられている。

彼の最大の関心は、海外への視察であったようだが、このときは実現せず、友人の海舟が咸臨丸《かんりんまる》で渡米するおりには、多忙な村の仕事をかかえて、同行できなかった。

村の青少年の教育にも、私財を投げうって学校を作っている。

明治になって、紀州藩勘定奉行、大参事をつとめ、中央にその名を知られた儀兵衛は、薩摩藩出身の内務卿・大久保利通《おおくぼとしみち》の要請で、駅逓頭《えきていのかみ》（現在の総務大臣）をつとめたりした。

明治十七年、ようやく若き日の夢であった海外遊学に出発した儀兵衛は、腸がんのために、紐育《ニューヨーク》のセント＝ビンセント病院で客死を遂げている。

享年は六十六であった。

近代日本の茶葉に生きる　多田元吉

はるかなるダージリンへ

印度《インド》の大吉嶺《ダージリン》に到達した、日本人第一号の多田元吉《ただもときち》の心中は、さぞかし追いつめられたものであったろう。

「紅茶作りのイロハを、何としても日本へ持ち帰らねばならない」

元吉は悲愴に、思いつめていた。

明治九年（一八七六）五月のことである。

幕末、欧米列強にむりやり開国させられたに等しい日本には、海外と貿易しうる品目が皆目なかった。かろうじて、外貨を稼いでくれたのが、お茶と生糸であったといってよい。

日本の緑茶は開国以来、まずまずのすべり出しをみせたが、英国人たちが嗜む紅茶は、それまでの日本にはなく、国産の紅茶作りを悲願とした日本は懸命に、これまでも清国《しん》から技術者を招いて教えを乞い、中国式紅茶製造を試みたが、できあがった品質は悪く、欧米諸国の評判も芳しいものではなかった。

けれども、「富国強兵」「殖産興業」による近代化をはかる明治日本には、お茶と生糸しか、頼れるものがなかったのである。

「なんとしても、国産の紅茶を成功させよ」

内務卿・大久保利通に厳命されたのが、内務省勧業寮の役人・多田元吉であった。

彼はこのとき、四十八歳。清国への茶の視察から戻って、まだ二ヵ月も経ていないにもかかわらず、インドへの出張を命じられた。

——今日の、旅行の比ではない。

世界第三位の高峰カンチェンジュンガ（標高八五八六メートル）が聳《そび》え立つ絶壁を、縫うようにして、馬や牛に乗りながら、元吉はようやくダージリンへたどりついた。

この地名はチベット語で「雷電の土地《ドルジェ・リン》」の意。英国植民地時代は、高級避暑地であったが、脱走した英国軍人によって茶の栽培がはじめられ、日本の明治維新の頃には七万キロ前後の茶を生産し、一種の商標《ブランド》としても確立していた。

元吉はその日記の中で、標高二千メートルのダージリンの山腹からふもとにかけて、その高低差に特有の霧、朝夕の寒さと日中の暑さ＝気温較差などが、この名茶の、独特の香りを醸成しているのだろう、と推測している。

「はたしてダージリンンティーが、日本で作れるのだろうか」

元吉は怖気をふるいつつ、現地のジャクソン式揉捻機《じゅうねんき》を、許可をもらって懸命に模写した。見るもの聞くものが、未知のものばかりである。

このとき、彼の心をかろうじて支えていたのが、静岡の茶であった。

静岡への移封

文政《ぶんせい》十二年（一八二九）三月、上総《かずさ》国富津《ふっつ》村（現・千葉県富津市）に網元《あみもと》の息子として生まれた元吉は、はやくに江戸に出て〝開国〟で大混乱となっている時勢の中、神奈川奉行所の端役の職を得たようだ。

彼は横浜の発展ぶり、高飛車な欧米列強の商人たちの態度、貿易をしらないためにだまされ、粗悪品をつかまされる日本商人などを、いやというほどその目でみたに違いない。

第一次長州征伐にも参加したようで、そのあと、同じ開港地・箱根への警備にまわされたようだ。考えてみれば、元吉ほど実地に貿易の現場を見ていた人物も少なかったのではあるまいか。

彼は徳川幕府の消滅とともに、最後の将軍（十五代）徳川慶喜《よしのぶ》の後継に選ばれた、徳川家達《いえさと》の駿府《すんぷ》（現・静岡市）藩七十万石への移封にともない、それに従って静岡へやって来た。

そこで必要にせまられて、元吉は茶の栽培に従事する。なぜ、茶であったのか。他の農作物に比べ、栽培自体が簡単で、帰農した武士にはうってつけであったようだ。日本のお茶はアメリカを中心に売れ、輸出が追いつかないほどの成功品目ともなった。

素人の見よう見まねからスタートして、実家の富津の多田家からも相当の援助を乞い、自身の性にもあっていたのか、そもそも探究心が旺盛であったのだろう。

元吉は茶栽培で頭角をあらわし、五十町歩の茶畑を成功させ、ついには内務卿・大久保にその名を知られるようになる。

「国運を担って――」と、ハッパをかけられ、官吏となった元吉は清国へ、そしてインドへ。

ちなみに、元吉とインドへ行動をともにした人物・石河確太郎《いしかわかくたろう》は大和国の出身ながら、幕末、家業の医学で蘭学を修め、薩摩藩主・島津斉彬のもとに出仕、〝藩立サツマ商会〟を事実上、きりもりした人物であった。

紡績の機械を扱った先駆者《パイオニア》でもあり、大久保はこの、いわば自らの知る日本人商社マン第一号を、元吉につけたわけだ（ほかに、通訳・梅浦精一《うめうらせいいち》が同道）。

おそらく当時の日本に、元吉以上に茶のわかる人物を求めるのは、難しかったかもしれない。だが、彼は日本茶の成功者ではあったが、紅茶はまったく未知のもの。

ダージリンからさらに、アッサムをはじめインドの密林地帯へ。

象に乗って奥地へ分け入った彼らは、虎や豹、毒蛇《どくへび》に遭遇しつつ、護身用のピストルを片時もはなさず旅をつづけたが、一方で三人ともに熱病と赤痢にかかり、倒れてしまう。

運悪く、元吉らのダージリン訪問の年は、コレラの大流行した年でもあった。

（もうダメかもしれぬ。しかし、ここでわしらが死ねば、紅茶の研究はどうなる……）

元吉は、死ぬなら祖国の土地を踏んで死のう、と気力をふりしぼり、ふらつきながらも病床から立ち上がり、途中、奇跡的にも病気を克服。さらには清国をも巡り、明治十年二月に日本へどうにか帰り着いた。

自ら緑茶用籠焙炉を発明

ときあたかも、日本茶と中国茶が世界市場を競っている最中、日本の粗悪茶のために、緑茶価格が大暴落する事態を引き起こしていた。

日本貿易の生命線である緑茶が、国際市場から追放されてしまえば、日本の近代化は瞬時にして止まる。紅茶のみならず、緑茶も元吉の帰国を待っていた。

大久保利通は元吉を、十等席から五等席（現・県知事担当）に昇進させ、勧業寮改め勧農局において、その手腕を十分に発揮させる。

元吉はインドから持ち帰った種子による苗を改良し、多田系インド雑種、多田系アッサム雑種などを作り、紅茶の品種を改める一方で、インドから持ち帰った紅茶製造用の炉を応用工夫して、自らが発明した緑茶用籠焙炉《りょくちゃようかごほいろ》で緑茶の品質向上を図った。

製茶用揉捻機《じゅうねんき》も、かつてのダージリンでの写生図《スケッチ》をもとに開発したという。

途中、大久保の横死《おうし》により、政府内で政変が起こったこともあって、元吉は左遷の憂き目《め》をみたこともあった。が、彼は黙々と伝導師のように、全国各地を巡回して茶の指導にあたった。その県は東北から九州まで、二十四県に及んだ。明治二十三年（一八九〇）十一月、元吉は長年の産業指導の功績が認められ、藍綬褒章《らんじゅほうしょう》を授与される。

翌年、彼はこれを期に引退を決意し、東京を離れて、なつかしい静岡へ舞い戻った。

屋敷の庭には、元吉がインド・清国、あるいは日本全国から持ち帰った、珍しい果実の木が多種植えられ、家人はそれを四季折々に楽しんだという。

明治二十九年四月二日、元吉はその生涯を密やかに終えた。享年、六十八。

日本のお茶は、この間、大いに世界に躍進したといってよい。

死去の際、元吉の指導を受けた人の中には、故人の足を幾度もさすりながら、

「あなたのこの足は、随分と方々を歩かれた。さぞ、ご苦労されましたろうな、お疲れになられたでしょうのォ……」

いいながら涙した人も、いたという。

明治三十八年に終結した日露戦争の成果、日本には銀行、商社をはじめ重工業の芽がようやく根付いた。ところが、それまでの日本を引っ張ってきた茶や生糸を思い出し、感謝する人は少なかったようだ。

その証左に、大正・昭和とどれほどの人が、多田元吉の名を覚えていたであろうか。

ただ、昭和三十年（一九五五）に静岡県の奨励品種となった「ただにしき」も、元吉の汗と涙で作りあげられた紅茶用の茶葉の一つであった。

また、平成十二年（二〇〇〇）、ようやく地元に「多田元吉翁顕彰会《おうけんしょうかい》」が発足。翌年、元吉の眠る臨済宗妙心寺《みょうしんじ》派の長源寺《ちょうげんじ》の、横にある起樹天満宮《おききてんまんぐう》の境内に、その顕彰碑が建立されている。故人の魂は己れの碑を、さぞやこそばゆい思いで見たに違いない。

「空気投げ」の極意　三船久蔵

桁はずれの柔道家

平成二十二年（二〇一〇）の世界柔道選手権において、日本は金メダル通算百個を突破した、と新聞各紙が報じていた。

それ自体は大いに喜ばしいことだったのだが、先の東京オリンピック（昭和三十九年〈一九六四〉）以来、柔道を観戦しつづけてきた筆者には、昨今の柔道は以前のものと、まったく異なるものになってしまった、との感慨が大きかった。

それはそれとして、かつては、とんでもなく桁はずれの柔道家が存在した。

端《はた》からみていると滑稽《こっけい》なのだが、本人は一生懸命に、奇想天外な必殺技を生み出そうと努力している——その姿に、感動したものだ。

ときにそうした柔道家は、奇人・変人とも映ったものだが、さしずめ、

「講談本や剣豪小説のように、〝気合〟ひとつで相手を倒すことができないものか」

と、この一見、馬鹿馬鹿しいとも思える命題に、真剣に取り組んだ柔道家もまた、世間からみればさぞ、きてれつな（奇妙このうえない）存在であったろう。

東北岩手の産で、名を三船久蔵《みふねきゅうぞう》といった。

のちに、〝柔道の神様〟とまで尊称された人物である。

明治十六年（一八八三）生まれの三船は、仙台二中（現・宮城県仙台第二高等学校）から慶應義塾へ進学し、かたわら講道館に入門して、一メートル五十九センチ、五十六キロの小柄な体躯《たいく》ながら、講道館を代表する選手となっている。

のちには、六十年を超える柔道人生の中で、試合において一度も負けず、一度も投げられなかった、との〝不敗〟の伝説を残した。

その三船は、気合ひとつで――の理想に取り憑《つ》かれ、稽古のおり、まずは「エイ～ッ」と裂帛《れっぱく》の気合をかけて、それから組み合うことを繰り返した。

だが、幾度やっても、さすがに気合ひとつでは、相手は飛んでくれない。

それでも自負心の強い三船は、人が一時間稽古するところを二時間稽古し、「エイ～ッ」を繰り返しているうちに、気持ちのうえでは〝気合ひとつで――〟、相手を投げられるような気分になったという。けれども、実際には相手は倒れていない。

そこで次には、気合に加えて、ほんの少しだけ、相手に触れて放り投げられないものか、と計画を修正した。

そこは、一ヵ月千本稽古を貫徹した「稽古の虫」である。

繰り返し試みているうちに、相手のわずかな隙をとらえ、観念的には投げ得るような気持ちになったものの、現実には投げ飛ばすことができなかった。

「空気投げ」の誕生

それでは、というので今度は、軽く相手を摑まえて、ほんの少し自分も動くだけでなんとかならないものか、と方針を変更した。足をかければ、それこそなんとかなったが、それでは〝気合〟ひとつの命題から、離れすぎてしまう。

捉《つかま》えて、自らも動く――これ以上の譲歩はできない。

困惑しながらも、三船は熟考した。

「技をかける自分の方に、隙があるからではないか。決して倒れない構えを身につければ、あるいは……」

今度は、わが身に工夫をすることにした。

三船はゴムまりに、執着しはじめる。まりは「球」であり、転がりはするが、絶対に倒れない。考えるまでもなく、当然のことであった。

朝、床を離れるや、「球」について念想する。彼は終日、「球」の動きを見つめ、しばらくすると、「球」は直線の動きが一番速く、重心が極めて低いことなどが知れた。

「球の理論」が、彼の中で少しずつ形作られていく。

しかし、観念的な結論だけでは、目的には到達しえない。

理論を実践するには、言語を絶する稽古が必要であった。

いつしか三船の技は、際立った速度《スピード》をもつようになった。そしてついに、相手の重心の移動を利用して、足腰に触れず、体の捌《さば》き、移動だけで相手を相当大きく、きれいに投げるコツを会得した。

――「空気投げ」（柔道用語では「隅落《すみおと》し」）の誕生であった。

三船はいう、この技が生まれた深い根底の流れには、「柔《じゅう》よく剛《ごう》を制す」の柔道の夢があったのだ、と。

「小さい者は重心が低い。重心は下にあればあるほど盤石《ばんじゃく》である。大きな者の重心は、得てして高くなりがちだ。いい換えれば、大きな者と小さな者が相対《あいたい》した場合、主導権は大きな者の重心を崩す、小さな者の動きの中にあると考えた」

この三船の着想は、「大車《おおぐるま》」や「踵返し《きびすがえ》」といった新しい技にもとり入れられる。

だが、「空気投げ」にしろ、「大車」にしても、はたで見ていると、八百長か奇術の一こまにしか見えない。

ヒョイと動いただけで、相手が面白いように転倒するのであるから。

「そんなにたやすく、人が投げ飛ばされるはずがない」

高段者になればなるほど、柔道家でも信じる者は少なかった。

昭和五年（一九三〇）十一月、第一回全日本柔道選手権大会が開催されたときである。

三船は同じ七段の佐村嘉一郎《さむらかいちろう》と特別試合をおこない、みごと、佐村をこの「空気投げ」で倒し、その真価のほどを証明してみせた。

佐村は〝関西の麒麟児《きりんじ》〟といわれた傑物《けつぶつ》で、このとき五十一歳。相対する三船は四十八歳。体の大きさ、力の強さ――下馬評は決して、三船有利ではなかった。

明らかにされた秘技

事実、立礼して開始された試合は、双方両袖をとり、技を繰り出したが、佐村の大技が時おり、三船を振りまわしている。

一進一退の展開がつづき、やがて佐村が技を掛ける動きをみせた、その刹那《せつな》であった。

三船はわずかな相手の隙を、直感的にとらえた。

相手の左肘下をとり、右足を己れの左足踵《かかと》後辺にもっとも近くまわして寄せ、下腹部（臍下丹田《せいかたんでん》）に気力を充実させて、上体を真っすぐに重心を低く、左足を相手の右足横外に踏み出すや、相手を斜め上に押し上げた。

——佐村は、孤を描いて宙を舞う。

紛れもなく「空気投げ」が、公衆の面前で明らかにされた瞬間であった。

三船は一代のうちに、幾つもの新しい技を開発した。が、その後、日本柔道界で「空気投げ」級《クラス》の技を創り得た者は、ついに出ていない。

「空気投げ」誕生の秘訣《ひけつ》を問われた三船は、ただ一言、

「非凡は凡（平凡なくり返し）の中にある」

とのみ答えたという。

美人画を一筋に描いた　上村松園

この母あればこそ

中国最古の詩編『詩経《しきょう》』に、「哀哀《あいあい》たる父母、我《わ》れを生みて劬労《くろう》す」という「蓼莪之《りくがの》詩《し》」がおさめられている。

心ある人々は、この一句に涙してきた。意味はわかりやすい。

気の毒に、わたしを生んでくださった父母は、いろいろな苦労をしてくれたであろうに――その父母の期待にそむいた自分は、なんという愚か者であろうか。

子が親を想う一句として、つとに知られている。

読む人は皆、自らの父母を思い出すのであろう。明治・大正・昭和の三代を、美人画一筋に描き、すぐれた色彩をもって格調高い、それこそ無類の、独自の美人画様式を創り出した上村松園《うえむらしょうえん》の作品を見るとき、筆者はこの詩の一句を重ねて思い浮かべる。

「もしも松園に、仲子《なかこ》という母がいなければ、おそらくこの近代日本画を代表する女流画家は、歴史にその名をとどめるどころか、世に出ることもなかったに違いない」
と思えてならないからだ。

上村松園は画号であり、本名は津禰《つね》という。明治八年（一八七五）四月二十三日に、京都四条御幸町《しじょうごこまち》（現・京都市中京区）の葉茶屋《はぢゃや》「ちきり屋」の次女として生まれている。

父・上村太兵衛《たへえ》は養子であり、松園が生まれる二ヵ月前にこの世を去っていた。したがって、この父と娘は一度も顔をあわすことがなかったことになる。

上村松園画像　出典：国立国会図書館「近代日本人の肖像」

太兵衛が亡くなったとき、妻の仲子は二十六歳。松園のうえには、姉・こまがいた。

普通なら仲子は再婚をするべきであったろう。なぜならば、葉茶屋「ちきり屋」は京都の呉服商「ちきり屋」で、長年采配を振るっていた上村貞八《さだはち》が、葉茶屋で働いていた太兵衛の人物を見込んで、姪で養女の仲子と一緒にさせ、店を開かせたものであったからだ。

つまり、仲子は店つきの女主人であり、当然のごとく養子をあらためて迎えるのが当時のしきたりであった。ところが仲子は、娘二人の家庭に、血のつながらない父親が入ってくることが、娘たちのためにはならない、と判断したようだ。

男まさりでもあったのだろう。自らの女性としての幸せよりも、娘二人の行く末を選択。女手ひとつで、店をきりもりしながら、娘二人を育てる決意をした。

ところで、「葉茶屋」というのは、お茶の葉を売る店であったが、一方で常連の客がつどい、茶を喫《の》みながら談笑する、一種の社交場《サロン》のような趣《おもむき》も持っていた。

時代背景を考えれば、文化人も集《つど》っていたようである。

松園の随筆集『青眉抄《せいびしょう》』には、桜花の研究家・桜戸玉緒《さくらどたまお》や文人画家の甲斐虎山《かいこざん》などの常連の名があげられているが、こうした人々の前で、かわいい女の子が熱心に絵ばかりを描いている。彼らは絵の手本となるものを与え、彼女の絵を見てもくれたであろう。「ちきり屋のつうさん」と呼ばれていた松園は、明治十四年に仏光寺開智《ぶっこうじかいち》小学校へ入学した。ものごころついて以来、絵を描いてきた松園は、町内の絵草紙屋《えぞうしや》で江戸絵や押絵をねだって母に買ってもらい、夜店にならんだ役者の似顔絵や武者絵などを、熱心に見てまわったという。映画もテレビもラジオもYouTubeもない時代である。

仲子は昼間の労働のあと、貸本屋から読み本を借りて小説などを読んでいたようだが、松園は『南総里見八犬伝』『水滸伝』『椿説弓張月』などの挿絵を楽しみにしていたという。父親がおらず、母が懸命に働いている中で、松園は性格もあったのだろう、閉じ籠って店先で、絵ばかりを描いていた。もっとも、小学校で一番成績のよかったのは算術だったという。図画の教師にも画才を認められ、京都市小学校聯合《れんごう》展に出品した煙草盆の絵は、表彰され、硯《すずり》の賞品をもらった。とはいえ、明治の中葉である。女性の幸せは結婚して家庭に入ることとされた時代、お茶やお花の稽古ならまだしも、絵を描くことが好きだという娘の希望をきいて、絵の勉強を専門にさせる親は、ほとんどいなかった。

芸術がいかなるものか、多くの日本人にはまだ理解されておらず、絵画・彫刻などは、一部の上流階級の独占する世界に思われていた時代のこと。まして松園は女性である。江戸時代も含め、明治になっても絵画の世界では女流が不振を託《かこ》っていた。

一つには、創作活動の体力的な問題。昼夜の別なく作品をかきあげるということが、男性に比べて女性は劣る、とされていた。また、描く線がやさしい分、力強さに欠け、飾ってみると男性の絵師のものに比べ、見劣りする、ともいわれていた。

さらには世相——男尊女卑の思い込みも、女性の進出をはばんでおり、発表する機会すらなかったのが実情であった。こうしたなかで、娘が絵の勉強をしたい、といってそれをゆるせる母親というのは、どれほどいたであろうか。しかも、この母はごく普通の商家、庶民的な教養しかもっていない。のちに、松園は語っている。

「お前は、家のことはせんでもよい。一生懸命に絵をかきなされや」と云ってくれ、私が賢明に絵をかいているのをみて、こころひそかにたのしんでいられた容子《ママ》（様子）である。

（『青眉抄』）

明治二十年に、松園は京都府画学校（現・京都市立芸術大学）に入学した。〝家〟が親族や親戚によって、がんじがらめにされていた時代である。松園の進学は、当然のように周囲から猛烈な反対をうけた。が、母がこれらを説得してくれる。

仲子は自ら果たせなかった人生――好きなことをやる生き方――を、娘にはさせてやりたい、と考えていたのかもしれない。

狩野《かのう》派や雪舟《せっしゅう》の流れをくむ山水画の教室は、鈴木松年《しょうねん》の担当で、松園は松年の私塾にも通い、翌年に画学校を辞め、松年の塾生に専念する。

明治二十三年、第三回内国勧業《ないこくかんぎょう》博覧会には、松年塾から「四季美人図」を出品。これが英国貴族の買い上げとなり、そのことが新聞に報じられ、いちやく松園の名が知られるようになった。まだ、十六歳であった。

ひたむきな努力

ただ、松園はいわゆる創作が次々と飛躍する、〝天才〟の典型《タイプ》ではなかった。自らが好む画材をゆっくり楽しんで考え、納得いくまで推考し、一生懸命、習い覚えた技法を駆使して、くり返し描く。

そして、創作にいきづまると、自らにないものを外へ求めて、さらに学ぼうとした。円山《まるやま》四《し》条《じょう》派の大家・幸野楳嶺《こうのばいれい》の塾に移り、楳嶺の死後は同門の高弟、竹内栖鳳《たけうちせいほう》の門人となり、他方では当時、画家にとっては〝常識〟のごとくいわれた漢学も市村水香《いちむらすいこう》・長尾《ながお》雨山《うざん》について学んでいる。芝居小屋や博物館にも足繁く通い、熱心に連日、写生をしたという。能の世界に学んだことも。世の中はまだまだ男性中心の社会であり、栖鳳の写生旅行に参加した松園は、男子と同様に歩き、泊まりがけの予定表《スケジュール》をこなした。泣き言をいえば、「だから女は――」といわれる。

松園は懸命に画家の修行を積んだが、これを支えたのは母・仲子であった。

> 私を生んだ母は、私の芸術までも生んでくれたのである。それで私は、母のそばにさえ居れば、ほかの何が無くとも幸福であった
>
> （『青眉抄』）

と松園はのちに、述懐している。姉・こまは、松園十九歳のおりに嫁いでいた。

画家として独立

第九回日本絵画協会、第四回日本美術院聯合共進会《きょうしんかい》に出品した『花ざかり』が、大家に伍《ご》して、みごと銀牌《ぎんぱい》となり、大変な好評を博した（二十六歳）。

このとき、かつての師である鈴木松年も受賞したが、松園の下位であった。

母・仲子の「ちきり屋」は、このあと廃業している。母娘は御池車屋町《おいけのくるまやちょう》（現・中京区車屋町）に移り、松園は画家として独立する。明治三十五年（一九〇二）十一月、彼女の長男の信太郎が生まれている。のちの画家・上村松篁《しょうこう》であるが、彼は父のないまま、母の籍に入り、育てられた。時代背景を考えれば、さぞや仲子と松園に向けられた世間の目は、きびしく冷たいものがあったにちがいない。

しかし、松園の創作活動は負けてはいない。ますます、活発になっていく。

日露戦争後、日本の国力があがり、私企業の数もふえ、日本人全体の生活水準《レベル》もあがり、その様式も欧米諸国にならって、少しずつ洋式化しはじめた。

とくに明治四十年、文展《ぶんてん》（文部省美術展覧会・日展《にってん》の前身）が開催されてからは、この日本画壇《がだん》の主流をなす官展を中心に、松園の作家活動は充実する。

しばしば賞を受け、自らが審査員もつとめた。

文展以外でも新古美術品展、日本美術協会、巽画会《たつみがかい》などに作品は出品され、海外展にも積極的に進出。明治四十三年の日英博覧会に出品した『花見』は金賞となり、翌年ローマ万国博覧会に出品した『人形つかい』、『上苑賞秋《じょうえんしょうしゅう》』も好評を博した。

大正時代、松園は依頼画を多数かかえる売れっ子画家となっており、創作的にはある種の中弛《なかだる》み、不調《スランプ》にも陥ったようだが、大正十三年（一九二四）には女性としてはじめて帝展審査員となっている。

私（松篁）は祖母（仲子）に育てられましたので、いわゆる〝おばあちゃん子〟なんです。私の子供の頃の母は、ほとんど二階の画室に閉じこもって画を描いている母でした。画室は母だけの世界で、家族の誰も這入《はい》れませんでした。しかし私は母の気分によってお許しが出て入れて貰ったことがありますが、「じっとしていや……」といわれて、じっと座って母の画を描くのを見ていた覚えがあります。

（「座談会・母松園の思い出」・『三彩増刊 上村松園』所収）

松園はただ無心に、絵筆をとりつづけた。

この間の大正七年一月二十九日、鈴木松年が死去していた。享年、七十一。

昭和九年（一九三四）二月二十二日、今度は母・仲子が他界する。享年、八十六。

母を失ったとき、松園は六十歳となっていた。最大の理解者を失ったとき、松園ははじめて世の中に、たった一人投げ出されたような気持ちを抱いたようだ。

母の死が、松園に大きな転機を与えた。その芸術は、大きく飛躍する。『母子』『序の舞』『草紙洗小町《そうしあらいこまち》』『砧《きぬた》』『夕暮』『晩秋』などの傑作、のちに松園の代表作と評される作品が、つぎつぎに生まれた。その原動力は、母への追慕ではなかったか、と筆者は思っている。

格調高き独自の美人画を創出した松園は、その美人画の領域から抜け出して、さらには近代日本絵画の世界に、無類の〝松園芸術〟を確立する。

昭和十六年十二月、帝国芸術院会員となり、三年後の七月には帝室技芸員となった。戦争をはさんで、昭和二十三年十一月には、女性として初めての文化勲章（第六回）が授与される。最高の栄誉といってよい。

その翌年八月二十七日、松園は七十五歳でその生涯を閉じた。

「私は一生、姉様遊びをしたようなもんどす」

と生前に語っていた彼女は、女性として時代を先駆けることの苦しみ、達成感を嚙みしめ、それこそ偉大な〝姉様遊び〟を、一生を通してやり抜いた女《ひと》、といえそうだ。

第六章
世界で称賛された大和心

遠くて深い交誼の国・トルコ

親日国・トルコ

去る令和二年（二〇二〇）九月十六日、コロナ禍の中、日本トルコ友好百三十周年事業が、ひっそりと執り行われた。式典の様子は、インターネット動画によるライブ配信となった。かつて「土耳古《トルコ》（其）」と書いた、アジアの西端とヨーロッパの東端にまたがるこの共和国と日本――この両国友好の起点《スタート》に、じつは日本人の「大和心」が、大いにかかわっていた、と筆者は考えてきた。

大半の日本人が、すでに忘却のかなたであるにもかかわらず、遠い異国の地トルコの人々は、今もこのときのことを忘れていないという。

今から百三十余年前――すなわち明治二十三年（一八九〇）九月十六日の夜半、一人のトルコ人が血を流しながら、現在の和歌山県東牟婁《ひがしむろ》郡串本《くしもと》町の、串本港沖に浮かぶ――今は「くしもと大橋」で結ばれているが――大島の樫野崎《かしのざき》灯台に、生命《いのち》からがらたどりついた。

エルトゥールル号座礁の海　和歌山県東牟婁郡串本町　写真提供：公益社団法人　和歌山県観光連盟

言葉は通じなかったが、どうやら暴風雨の中、船が座礁し、沈没したらしいことが知れる。

船は、当時のオスマン帝国の軍艦エルトゥールル号（二千三百四十四排水トン）であり、六百人を超える人々が乗船していた。

この軍艦は、日本の皇族・小松宮彰仁親王《こまつのみやあきひとしんのう》がトルコを親善訪問した答礼として、前年に皇帝《スルタン》アブデュルハミト二世の命により、使節エミン・オスマン提督《パシャ》を乗せて派遣されたもの。

トルコ使節の初来日――大惨事はその帰国途次に起きた。

このとき、大島の人々はすぐさま島をあげて、不眠不休の救出活動を開始する。

生存者の救護、行方不明者の捜索――島の男たちは、怪我人の血を海水で洗い、兵児帯《へこおび》で包帯し、痛さに泣きわめくトルコの人たちを背負って、約六十メートルの断崖《だんがい》をよじのぼり、無我夢中の救出作業を行った。

助け出されたトルコ人は、六十九名。

救助の甲斐なく亡くなった人は五百八十七名を数えたという。この惨事は、日本中に新聞報道されたが、これを知った日本人は皆、わがことのように涙した。

明治政府はすぐさま軍艦「八重山《やえやま》」を急行させ、亡くなった人々の葬儀と埋葬をおこない、同年十月には、生存者を無事に帰国させるべく、彼らを軍艦「比叡《ひえい》」「金剛《こんごう》」でトルコへ運んだ。

――このとき、一人の無名の日本人青年が、東京でこの惨事を知った。

「はるばる海を越えて、国交のない国（日本）を訪れながら、亡くなったのはあまりにも気の毒だ。なんとか、遺族を慰められないものか」

二十五歳の彼は、フランス語と英語が少しできた。義援金集めに青年は奔走し、わずかな期間に、当時のお金で五千円を集める。ときの東京府知事の年俸が、四千円の時代であった。現在なら、三千万円弱といったところであろうか。

当時の日本は、今日のほどの生活水準《レベル》を持たなかった。まだまだ貧しい国であった。

にもかかわらず、見も知らない異国の人々を、かわいそうだと慈《いつく》しむ心＝惻隠の情を持つ日本人が、この頃にはこれほどいたのである。

青年はこの義援金を、外務大臣の青木周蔵《しゅうぞう》に届けた。すると青木は、「君がトルコへ持っていけ」という。政府の応援を得た青年は、明治二十五年一月に横浜を出港。スエズ運河を北へ、エジプトの港＝ポートサイドを経て、帝都イスタンブールへと到着した。

青年の出現に皇帝は大喜びし、異例の拝謁が叶った。このとき青年は、義援金とは別に、家伝の明珍《みょうちん》の兜と甲冑、陣太刀を、個人の意思で皇帝に献上している。

日本からやって来た無名の青年に、皇帝は、

「わが帝国の陸軍と海軍の士官に、日本語を教えてはもらえないか」

かわりに、貴下にはトルコ語を学んで欲しい、と語りかけた。

十六世紀、イスラム世界の長として、アジア・ヨーロッパ・アフリカにまたがる大帝国を築いたオスマン・トルコも、十九世紀に入るとヨーロッパの列強に侵略されるようになり、露土《ろと》戦争（一八七七～七八）ではバルカン半島の領土を大半、失っていた。

列強の力の均衡《パワー・バランス》のおかげで、どうにか独立国の体面は保っていたものの、その内実は厳しいものがあった。

無名の日本青年＝山田寅次郎《とらじろう》（宗有《そうゆう》・一八六六〜一九五七）は四年間トルコに滞在し、その後も日本との民間外交に、その生涯をおくっている。

日本人が示した献身的な救助、支援活動は、いつしかトルコの人々の中に、多大な親日感情を育てることにつながった。

「中央アジアから西に向かったのがトルコ人で、東に進んだのが日本人だろう」

などと、彼らはいうようになった。

加えて、ロシアの南下に日本と同様、苦しめられていたオスマン帝国は、日露戦争に「アジアの小国日本」が勝利したことにより、その好感情をさらに急上昇させる。

日本とトルコは、第二次世界大戦により一時、国交を断絶した。

が、戦後もトルコの人々の、日本人に向けるまなざしは温かかった。

トルコ、日本への恩返し

その結晶が「トルコにおける日本年」ともなったわけだが、筆者は、昭和六十年（一九八五）に勃発した、イラン・イラク戦争を思い出す。

このとき、テヘランを中心にイランには二百十五人の日本人が滞在していた。空襲が予告され、各国の航空会社は各々の自国民を優先的に乗せて、次々とテヘランを飛び立っていった。

ところが、日本は民間航空の救援機を出さず、当時の法律は自衛隊の海外派遣も許されておらず、残留した人々は空襲に怯《おび》え、焦燥と不安の中に孤立してしまう。

そこへ飛行機が二機、舞いおりてきた。

空襲直前におののく日本人をのせて、二機はイスタンブールへと飛んだ。トルコからの、特別機であった。

トルコの人々はこのとき、かつての明治二十三年に受けた、日本人への恩を忘れてはいなかったのである。

惻隠の情、憐憫《れんびん》（あわれみをかけること、気の毒に思うこと）、自分以外のものを愛《いと》おしく思う心、非自我＝大和心こそが、日本人の原点ではなかったか、と筆者に強く思わせた実話であった。

ベルギーの示した信義

親身なベルギー

われわれ日本人が持つ、どうにもならない特性のひとつに、物忘れのひどさがあるのかもしれない。良いことも悪いことも、忘れてしまう。記憶し、伝えようとしない。

もっとも、見方を変えれば筆者には、日本人のこの性癖も、その源流をたどれば、大和心に通じているようにも思えるのだが……。

ふりかえって一例を、関東大震災のおりに求めてみる。

このおりの、ちょっとした〝物語〟＝実話にも、包み込む優しさと、それを忘却してしまう日本人独特の、物忘れのひどさが如実に語られていた。

大正十二年（一九二三）九月一日、午前十一時五十八分——関東地方南部に、未曾有《みぞう》の大地震が発生した。このとき東京・横浜では、地震による火災が加わり、さらに被害を大きなものにしてしまった。

東京は三日未明まで燃えつづけ、下町一帯から山の手の一部にかけて、全市街の三分の二が焼失した。横浜では全市街が焼け、半壊となった地域も少なくない。死者は九万人を越え、行方不明者は四万三千余、負傷者にいたっては十万三千余を数えた。

呆然と（気抜けしたように）途方に暮れ、立ち竦《すく》む日本人の前に、ベルギーの日本駐在特命全権大使アルベール・マリー・レオン・アドルフ・ド・バッソンピエールを通じて、ベルギー本国から義援金十万フランが、電報為替で送られて来る。

――九月十二日のことであった。

関東大震災のとき、バッソンピエールは家族とともに、逗子海岸の旅館（別荘であったとも）にいた。彼はその日の午後のうちに使いを、徒歩で東京へ派遣。その使いが二日の夕刻、東京に着き、三日の朝に軽井沢へ行くヨーロッパ人に、首都ブリュッセルへの電報をことづけたという。軽井沢から、神戸に電報が打たれたのが九月四日。ベルギーの神戸総領事は、その日のうちに、関東大震災を本国へ打電した。

それにしても、なんという素早い対応であったろうか。

しかも、小国であるベルギーはこのあとも送金をつづけ、実に計二百六十四万一千九百十フランの多額な援助金を、日本へ贈呈《プレゼント》してくれた。

この金額は、大国のアメリカ、イギリスにつづく、第三位のものであった。

ベルギーでは九月五日、日本の関東大震災を知るや、ときのヤスパール外務大臣による総合的な、日本への救助態勢をつくるべく、コンスタン・ドーフィネ男爵を中心とした、「日本人罹災者《りさいしゃ》救援ベルギー国内委員会」が結成された。

王室の会員《メンバー》はすべて、この委員会を後援することを受諾。全土ではすぐさま、緊急の演奏会《コンサート》や講演会、慈善市《バザー》が開催される。

「日本の日」と銘打って、慈善興行《チャリティーイベント》が各地にくりひろげられた。

委員会では、「皆さんに訴える」との文書が一般に配布され、その部数二万部に及んだ。「日本の日」のために、と絹と紙で作った小さな旗のバッチは、百五十万個が製造され、宣伝用紙《ポスター》は六千枚以上刷られて、各会場に貼り出された。

九月十五日から十二月三十一日までは、鉄道・郵便・電信の各省はこぞって、日本への支援に関するものであれば、すべてを無料としている。また、ブリュッセルの画家エミール・バースの提案によって、ベルギー中の芸術家を中心に、絵画やデッサン、彫刻類といった芸術作品が百三十三点集められ、翌年五月、日本郵船の船で日本へ届けられた。

それらは当時の内務省の、社会事業局内の展示即売会に出品されて、三万五千人の日本人が観賞、全作品は売り切れ、総額二万二千六百三十五円の売上げは、すべて義援金へと回された。

日本の親切

では、なぜこれほどベルギーの人たちは、遠い異国でしかない日本のために、一生懸命になってくれたのであろうか。

日本人の多くは、感謝しつつも首をかしげたようだが、ほどなく真相が伝えられた。ベルギーの人々は、九年前の日本人への恩義に、報いようとしたのであった。

日本の大正三年（一九一四）の六月二十八日、サラエボでオーストリア皇太子が暗殺された事件をきっかけに、ヨーロッパでは第一次世界大戦が勃発した。八月一日に、ドイツはロシアへ宣戦を布告。三日には、ドイツはフランスと交戦状態に入る。

そのドイツが中立国であるベルギーに対して、電撃的な素早さで武力侵攻に及んだのが翌四日のことであった。イギリスはここで、ドイツに宣戦を布告する。

ドイツはまずフランスを叩き、次にロシアへ転ずる作戦に出たのだが、ドイツ軍が国境を越え、その主力軍をフランス目指して南下させたことは、同時にベルギー領内を通過す

アルベール１世

ることとなり、ドイツの別動軍は一方でベルギーをも軍事的に制圧する腹づもりであった。
精密工業に長けてはいても、小国であるベルギーは、驚き嘆きつつも、必死の抵抗を試みた。けれども、国力は隔絶している。
七日にリエージュ、二十日にはブリュッセルと、ベルギーの都市は次々と落とされていった。

重なった自国への思い

ベルギー政府がフランスのル・アーヴルへ亡命する中、国王アルベール一世は敗残兵を集め、彼らを叱咤激励しつつ、フランスとの国境の町フェルヌの近郊——エイゼル川（フランス語ではイゼール川）の寒村に、からくも踏みとどまり、頑強な抵抗をつづけた。

——この様子が、日本に報じられたのである。

国家存亡の危機に際して、敗戦を予期しつつも「義に殉ずる」犠牲的な精神、勇気、愛国心を発揮している国王とベルギー国民——「上下一心」一致団結して、必死に国難に立ち向かうその姿が、ときの日本が立憲君主制であったこともあり、大きな感動をもって、日本中に伝えられたのだ。

白耳義《ベルギー》は実に一切の利害と成敗とを超絶して、其《そ》の意地を立て通した。白耳義は一片意気の国である。〈中略〉白耳義が其の独立の体面と中立の公約とに対して、斯《か》く迄《まで》の犠牲を払ったばかりに、戦《いくさ》は結局敗れても、先独逸《まずドイツ》の鼻柱を挫《くじ》き得た。是《これ》によって、英仏両国は慥《たしか》に危機を救われた。〈中略〉白耳義が人道と文明と自由との為に、其の身を殺して働いた点は、永く買ってやらなければならぬ。戦は敗れても、其の一時を維持したという点だけで、立派に効果を挙げてゐ《い》る。（『日本・ベルギー関係史』）

日本人はこぞって、ベルギーの人々の姿に自分たちを重ね合わせた。

同情は真情の発露にして、之《これ》を促すも期すべからず、之を求むるも得《える》べきものにはあらず、然《しか》れども此《これ》を知つて而《しか》して尚《なお》之を求め之を促《うなが》さんとするは、是《こ》れ亦《また》実に同情するもの、真情の発露に外《ほか》ならず。吾人《ごじん》は今次世界戦乱の当初、白耳義が正当の理由なくして国家を蹂躙《じゅうりん》されんとし、遂《つい》に国を賭《かけごと》にして戦ふの已《や》むべからざるに至るや、私《ひそ》かに重商重工の白耳義が忽《たちま》ちにして猛悪なる独軍の馬蹄《ばてい》に一蹴されんかを危《あやぶ》みたり。然るに挙国の力戦奮闘能《よ》く独逸の大軍を悩まし、国土の半ばを失ふに至りしも尚《なお》屈せず、其の勇敢義烈、懦夫《だふ》も亦起つの概《おもむき》あり。〈中略〉白耳義国民の被《こうむ》れる甚《はなはだ》しき惨状禍態《かたい》は世人の既《すで》に知悉《ちしつ》せる如く、史上稀有《けう》の悲痛事の数語之を尽くして余りあるべし。試みに思へ、何等罪なくして野蛮の敵人に襲はれ、挙国の壮者出で、戦ひ、而《しかれど》も其の半ば傷《きずつ》き半ばは斃《たお》れ、老幼《ろうよう》（高齢者と子ども）地に耕さんとするも、国土は既に其の国土にあらず。家は焼かれて住むに所なく着るに衣なく、〈中略〉婦女は辱《はずかしめ》を受け、小児は飢《うえ》に泣き、貴となく賎となく、民人《たみびと》国を空にして皆な離散し蠢乎《しゅんこ》として（うごめいて）頼る所なし、嗚呼《ああ》何たる悲惨事ぞ、吾人豈《あ》に言ふは勝《た》へんや。而《しこう》して僅《わずか》に残存する男児は斃れて已《や》まず、今や尺寸の国土を擁して、尚も正義人道の為に死戦を敢てしつゝあるにあらずや。之をしも同情すべからずんば、天下果して何事をか同情すべき。（「大阪朝日新聞」大正四年二月十日、十一日の記事より）

「あの人たちを、飢死させてはならぬ」

日本の新聞社はいずれも、ベルギーの人々を励ますための募金活動を開始した。

東京・大阪両朝日新聞の社長・村山龍平《りょうへい》は、愛蔵の備前長船《びぜんおさふね》の名刀――織田信長が使用したと伝えられる――をアルベール一世に、特派員杉村廣太郎《こうたろう》（楚人冠《そじんかん》）を通じて贈っている。

杉村はベルギー国民の義勇に、日本人は心から「感佩敬慕《かんぱいけいぼ》」していると述べ、「武士の魂と称する日本刀を陛下に献じて誠に敬意を表し、併せて陛下並に白耳義国民の為めに武運長久敵国降服を祈り奉《たてまつ》る」と語った。

受け取った国王は、衷心の感謝の言葉をこのとき、日本に伝えた。

――関東大震災のおり、ベルギーの人々はこのときのことを思い出してくれたのである。

「元兵士へ」という、退役軍人たちの出したアピールには、次のようなものがあった。

わが勇敢なる戦士たちは、日本人によってわが兵士たちに送られ、〝日本郵船会社〟によってル・アーヴルまで無料で運ばれてきた煙草や茶、鉛筆、薬品類の思い出を決して忘れていないはずだ。その贈物には心の籠《こも》った言葉が添えられていた。例えばこうだ。私たちは、戦争が始まってからベルギー軍が示した三つの優れた徳、すなわち忠誠・勇敢・名誉を示す「忠勇義烈」という名のこの小さな鉛筆をお贈りするのを幸せに思います。

（『日本・ベルギー関係史』より）

あのとき、日本人は自分たちを励まし、勇気づけてくれた。ドイツに占領される日々、苦脳の中にあって、どれほど救われたことか。

その日本人が今、困っている。恩義を返そうではないか――。

ベルギーの人々は、国を挙げて日本への支援に立ち上がってくれたのである。

忘却する日本人

日本人はこうしたことも、すぐ忘れてしまう。

そういえば、江戸末期に杉田玄白《げんぱく》らが訳した『解体新書《かいたいしんしょ》』は、ドイツのヨハン・アダム・クルムスの著作『ターヘル・アナトミア』を底本とした解剖学書であったが、この人の学んだ解剖学はベルギーの大学における成果であった。

明治の初期、岩倉使節団が欧米諸国を巡るなかで、小国でありながら、自主独立を守る国として、使節たちがとりわけ敬慕したのも、ベルギーであった。

明治憲法のモデル、その源流もじつはベルギー憲法にあったのだが……。

そうしたことなども皆、日本人は忘却して顧みようとしない。

もしかすると、ここにも感謝を形にすることを求めない、日本人独特の「大和心」の、一大特徴が潜んでいるのかもしれない。これは……考えすぎであろうか。

忘れられたバンクーバーの慰霊碑

異国・カナダでの日本人移民の悲願

平成二十二年（二〇一〇）二月、加奈陀《カナダ》の晩香坡《バンクーバー》で冬季五輪が開催された。日本人はこぞって、日本人選手の健闘を手に汗して称えたが、この「平和の祭典」の舞台バンクーバーで、同じ日本人がかつて、生命《いのち》を懸けたもう一つの〝物語〟があったことを、知る人は少ないようだ。

バンクーバーの代表的な公園スタンレーパークに、一種奇妙な記念碑が建っている。Japanese Canadian War Memorial――「日系カナダ人戦没者慰霊碑」とでも、訳せばいいのだろうか。碑文は、英語でつづられていた。

――この碑について、多少の噺《はなし》がある。

ここにいう戦没者は、七十余年前の第二次世界大戦の戦死者ではない。その前の第一次世界大戦のおり、日本の大正四年（一九一五）にあたる年の十一月、「加奈陀日本人同胞の権利獲得と名誉のために」をスローガンに、募集された義勇兵に応募し、カナダ軍に身を投じて、連合軍側の一員として戦った、日本人戦死者のためのものであった（のちに第二次世界大戦二名、朝鮮戦争一名の日本人戦死者も合葬）。

現在のカナダは、先住民を含め二百以上の民族が暮らす移民の国として、民族や人種の多様性を尊重する「多文化主義政策」を採《と》っていると聞くが、「晩香坡」と書いた当時＝大正初期のカナダは、アメリカと同様、「排日」の凄まじい嵐が吹きすさび、人種差別も重なって、日本人移住者はカナダに帰化できても「公民権」を与えられず、当然のことながら参政権も認められない状況下にあった。

にもかかわらず、カナダの日本人（大半はバンクーバー周辺にあった）は、自発的に自分たちを迫害するカナダ人を助けるべく、戦場に向かったのである。応募者数二百五十名——彼らの大半は貧しく、祖国を離れて流転し、ようやくこの地に辿《たど》りついた人々であった。

そのため彼らの多くは、英語をろくすっぽ話すこともできなかった。

体格検査に合格した応募者の内、百九十九人（百九十六人とも）はやがて、遠くヨーロッパ戦線に送られ、約一年余、ドイツ軍の精鋭と戦うこととなる。

カナダ軍の将兵の中には、途中、脱走《エスケープ》する軍律違反者も少なくなかったが、日本人義勇兵は最後まで、ただ一人の離脱者を出すこともなく、勇敢に戦い抜いた。

が、彼らの中には日露戦争をかつて戦った老兵がいる一方、わずかばかりの軍事訓練をうけただけの、いわばずぶの素人《しろうと》も多かった。

そのためかどうか、戦傷者は百二十九名（九十二名とも）、無傷で帰還し得た者は、わずか十五名に過ぎなかった。バンクーバーに引き揚げてきた時、戦死者は五十四名を数えていた。

ではなぜ彼らは、この無謀とも、凄惨ともいえる戦いに自ら志願したのであろうか。

義勇軍が結成されてもしばらくの間、カナダ政府は、彼らを無視しつづけている。軍事訓練にかかる費用や義勇兵らの日々の生活費も、ことごとは日本人による募金《カンパ》で賄われた。

カナダにすれば、まねかれざる集団であったといってよい。

もっとも、義勇軍の方もその実《じつ》、カナダのために戦ったのではなかった。彼らはただ、バンクーバー周辺に暮らす同胞＝日本人のため、その次なる世代のために、自らの生命《いのち》を投げ出したのである。

換言すれば、彼らの出征は人間としての尊厳を守るための、必死の戦いであった。

このような日本人の軍隊は、日本史上皆無ではなかったろうか。

義勇兵たちは、口を揃えていう。

「われわれカナダに暮らす日本人は、祖国を出てからこれまで、何度も何度も失敗を繰り返してきた。いまさら、おめおめと祖国、故郷へ帰ることはできない。

カナダを新しい祖国として、この国に永住することを決意した。妻子ある者は一刻も早く、日本から家族を迎えたい。そのためには、われわれは参政権を手に入れなければならない。ここにくらす日本人の未来のために、われわれは征《ゆ》かねばならない。

われわれはカナダの土になる。この戦いは、アメリカに暮らす同胞のためでもあり、日本人民族としての、血税を払うことにも通じるはずだ」

だが、義勇軍が誕生しても、カナダ政府——なかんずく、ブリティッシュ・コロンビア州の官憲は、日本人に冷たかった。約二百人の義勇軍に対して、一切の援助をしていない（戦後は別）。ときの「加奈陀日本人会」だけでは、とても負担しきれなかった。

このとき、食生活をきりつめて、なけなしのお金をカナダに送ったのは、同じような苦しみに直面していたアメリカ、その準州であったハワイに暮らす日本人たちであった。

東京にかまえた小さな応援事務所からも、寄付金が細々と送られた。が、中には首を傾げる日本人も少なくなかった。

「日本人が金を出して、カナダのために同胞を死に追いやる。おかしくはないか——」

支援する日本人からも異議が出る中、ブリティッシュ・コロンビア州の軍司令官からは、

「カナダの軍編成は一個大隊千百人で構成されている。日本人義勇軍は、二百人に過ぎない。したがって、独立大隊としては認められない。即刻、解散すべし」

紋切り型の、通知がもたらされた。

置き去りにされたカナダ移民の歴史

他人のために、自己負担で戦場に行こう、といっている日本人を、いわばカナダ政府は、「いらぬお世話だ」と拒絶したようなものである。

これは一面、カナダにおいてどれほど、「排日」が激しかったかを物語っていた、といえよう。アメリカへの日本人移民の歴史は、比較的日本国内でも伝えられてきたが、カナダへの移民に関しては、どういうわけか、日本政府もさほどの注意を払ってはいない。

それは、カナダへ一旦入国して、そのままアメリカに抜けて、移住する事例《ケース》が多かったためとも考えられる。

しかし、日本での生活が苦しく、海外に職を求め、カナダに定住する日本人の数は、着実に増えていた。

明治二十七年（一八九四）、日清戦争の始まった時、バンクーバー日本領事代理の清水精三郎は、ブリティッシュ・コロンビア州の日本人移民を四百名内外、と述べている。

この地域周辺は、林業に加え、漁業の盛んなところで、とくにフレーザー川の鮭は日本でも大人気であった。

おもに漁業に従事した日本人移民は、まずカナダ人の買主（缶詰会社）に価格を押さえられ、そのための低価格に加え、極めて長い労働時間に耐えなければならなかった。

また、白人の組合との価格協定があり、これが成立しなければ、日本人は勝手に出漁することはできない。こっそり舟を出そうものなら、それこそカナダの白人たちによって、寄ってたかって殴られ、制裁されるのが現実であった。

日露戦争が近づく頃、それでも日本人の移民は四千人にも膨れあがっている（のち、レミュー協定により、日本人移民は年間四百人に制限された）。

日本の明治三十三年、バンクーバーにおいて投票を拒否された日本人が、カナダ帰化法に定めている条項の違反を理由に、市の選挙投票官を相手取って、訴訟を起こしたことがあった。争点は、ブリティッシュ・コロンビア州の州法が、選挙権を頑《がん》として認めないことの成否であった。

カナダの司法は政府・軍部とは異なり、きわめて公正な判決を出した。第一審、つづく高等裁判所ともに、日本人側は勝訴している。州法の方がおかしい、というのである。

ところが、州は納得せず、上訴して宗主国のイギリスの枢密院に、この問題を送った。

「帰化の結果を規定するのは、州の自由である」

日本人の参政権は、ここでもけんもほろろに否定される。

明治四十二年三月、この結果も踏まえ「加奈陀日本人会」が結成された。

大正二年には、アメリカ・カリフォルニア州において、日系人をはじめとする市民権のない外国人の土地所有を禁止した「州外国人土地法」という、一方的な強行措置が発令され、カナダではこれを知った日本人たちが、大恐慌に陥った。

日本人移民の誇り

――そうしたなかでの、第一次世界大戦勃発であった。

「排日」の嵐の吹き荒れる中、だからこそカナダの白人たちと共に戦おう、との決断を日本移民たちは下したのである。苦渋の決断であった。

けれども、カナダ政府・軍関係者は、一考することもなく、

「義勇軍を結成してくれたことは感謝するが、公式に採用するつもりはない」

とつっぱねた。そのため義勇軍は、一度、解散に追いつめられている。

だが、ここで引き下がっては、渇望するカナダでの選挙権は未来永劫、手にすることができない。

そうしたなかで、「二十六ドルの旅費を自弁して、個人的にアルバータ州カルガリー市まで出向いて、そのうえで軍に志願する者は採用する」

との、カナダ軍の言葉が伝えられる。

義勇軍の中から、この一報に一縷の望みを託して、出頭することを決めた日本人が四十三名いた。ほかの義勇兵たちもカルガリーを目指したかったのだが、旅費を工面することができなかったのである。

大正五年六月二十二日、彼ら第一陣はバンクーバーを出陣、征途の人となった。

「さらば、敬愛する全加奈陀在留同胞よ！　我等は勇んで英国に向って去る。我等の凡《すべ》ては健康なり」

筆者《わたし》はこの義勇兵の打った電報の、最後の言葉「凡ては健康なり」に接した時、思わず涙が出た。彼らは健康であるがゆえに、戦場へ赴かねばならなかったのだ。

彼らは、あとにつづく義勇兵のためにも生還を最初から期していなかった。

――このとき、ヨーロッパ戦線は一進一退をくり返していた。

第一陣の日本人義勇兵を受け入れたカナダ軍は、開戦以来最大の砲撃戦といわれた、仏ソンム河畔の戦いに彼らを送り出す。最前線を受け持たされた義勇兵たちは、次々と負傷し、戦死していく。

一方、カナダでは日本人義勇軍の、まさに先発隊の死が続々と伝えられ、あとに残った人々は、わが身の苦労も厭《いと》わず、懸命に旅費の工面に奔走した。

彼ら一人一人の思いは、同じだった。

「俺も、あいつらと一緒に死にたい」

そこへ、一通の電報が舞い込む。

旅費を軍で工面するから、すぐに出征の用意をせよ、とのカナダ軍からの一報であった。

戦線はいよいよ、泥沼の様相を呈し、兵卒が消耗品の如くに使役され、各戦線で兵士が不足していた。

カナダ兵の楯となった日本人

日本人義勇兵はのち、アルバータの第百九十二大隊、第百七十五大隊に分かれて、先発の同志を追った。

彼ら日本人義勇兵を待っていたのは、腰まで泥につかる塹壕《ざんごう》（敵の弾丸を避け、身を隠すために掘った空堀）での生活、粗末な食事、解せぬ外国の言葉、戦場での人種差別――云々。それでも日本人義勇兵たちは酒に溺れず、女色を漁らず、一生懸命に、周囲に認められる立派な兵士になりきろうと、努力した。日本人の誇りが、かかっていたのだ。

たとえば、龍岡文雄《たつおかふみお》という義勇兵がいた。彼は英国軍人が舌を巻くほどに優秀な兵士であり、その上官の連隊長は、「一兵卒にしておくには惜しい、一年の休暇をやるからイギリス本国へ戻り、士官学校に入って、士官になるように――」と熱心に勧めた。

日本人義勇兵にとっては、空前の名誉といってよい。

だが、龍岡はこれを断っている。

御厚意を深く感謝します。然《しか》れども義勇兵仲間からはなれ、私のみが仲間から敬礼を受くるに忍びません。殊《こと》に私は予備役ながら日本陸軍少尉でありますから、祖国日本の命によらず、戦時抜擢とはいえ、英国陸軍の将校たることは遠慮いたします。

（長谷川伸《しん》著『生きている小説』）

断られた連隊長は、同じ軍人として、龍岡の言葉に涙を流し、

「ならば曹長をやれ」と、

小隊長代理を命じたという。

龍岡はその後間もなく、最前線で両足を吹き飛ばされて戦死した。

十数人ずつに振り分けられた義勇兵の許《もと》にも、仲間の戦死は知らされる。しかし彼らは、勇をふるって自らの生命を捨てる覚悟で、前へ、前へとただがむしゃらに進んだ。

「白人碧眼《へきがん》を青くしてこそ、日本人の真価なり」

多くの者が、カナダ兵士の楯となり、戦場に倒れた。

九死に一生、後方の病院に送られた戦傷者の日本人義勇兵は、ここでカナダ人、連合軍の一員として、はじめて人種差別のない、平等な扱いを受けた。

このとき、病院を訪れたイギリス国王ジョージ五世から、彼ら日本人義勇兵は幾人いるか、と声をかけられている。

祖父江《そぶえ》玄碩《げんせき》という兵士の場合は、

「何国の方ですか」と国王ジョージ五世に問われた。

「日本人で御座います」

祖父江はさらに、たどたどしくつづけた。

「――加奈陀軍に属して、ビーシー（B・C＝ブリティッシュ・コロンビア）州晩香坡から参りました」

国王はうなずきながら、次のように言ったという。

「貴方が隊へ帰られたら、日本人の参戦を吾等《われら》が感謝致《いた》し居《お》る旨《むね》、日本人諸氏に伝へて下さい」（山崎寧《やすし》翁伝記編纂会『足跡《そくせき》』）

国王ジョージ五世は握手すら、一兵卒の祖父江に求めてくれたという。翌日のリバプール・エコー紙は、「唯一最大の光栄者」と見出しをつけ、祖父江のことを報じたという。

やがて大戦が終わり、日本義勇軍の人々はバンクーバーに帰ってきた。

戦死した「五十四名」も加え、百九十九人全員が、このときカナダ市民としての権利＝選挙権を与えられたのである。

ショパンの祖国の孤児と「惻隠の心」

祖国を失ったポーランド人が、シベリアで聴いた曲

父母による幼児への虐待、その結果による虐待死が、いくつも報じられている。なぜ、このような惨《むご》いことがくり返し起こるのだろうか。周囲はどうして、これらを防げなかったのだろうか。

——「惻隠の心は仁《じん》の端《たん》なり」という言葉が、中国の古典『孟子《もうし》』にある。人の不幸や人の危機に対して、いたましく思う心を「惻隠」といい、これこそが、人間としてまっとうに生きる道の、第一歩であると、孟子が唱えたものだ。

大正デモクラシー華やかなりし頃、日本の知識人は「惻隠の心」をもって、ショパンの曲を聴いていたのではないか、と筆者はふと思ったことがある。

ショパンは波蘭《ポーランド》が生んだ偉大な音楽家であったが、彼の祖国はそれこそ、「惻隠の心」なくしては語れなかったに違いない。日本の江戸時代、寛政《かんせい》七年（一七九五）に、この国

はときのプロイセン王国（のちドイツ）、ロシア帝国、オーストリア大公国という、三大国によって、最終的に国土を三分割され、地図上から消滅してしまった。

祖国を失った人々は、当然のことのように、自分たちの国土をとり返すべく抵抗運動を展開したが、ことごとく失敗。捕まった人々は、家族もろともに流刑《るけい》の地・西伯利亜《シベリア》へ送られた。彼らは凍てつく極北の地で、ショパンの曲を想い浮かべながら、家族でそれこそ肩を寄せ合うように、寒さと空腹の逆境に耐えるしかなかった。

ところが一九一八年の、第一次世界大戦の停戦と、その翌年のヴェルサイユ条約締結により、ポーランドは独立を完全に回復する。その間、約百二十年の歳月が流れていた。

当時、シベリアには十数万人のポーランド人が生活していたという。ようやく祖国に帰れる、と彼らが喜んだのも束の間、ロシア革命によって誕生したソ連とポーランドが戦争を始めてしまった。唯一の帰国ルートであったシベリア鉄道が遮断されてしまう。

ウラジオストック在住のポーランド人たちは、せめてこの悲惨な現実の中でも、凄惨を極めていたシベリアの、孤立している孤児たちだけは救出したい、と懸命に呼びかけを行った。けれども、ポーランドの国土は戦火に蹂躙されており、孤児たちには祖国に頼れる親族がそもそもいなかったのである。とりあえずアメリカへ、とアメリカのポーランド移民社会に保護を求めたが、うまくいかない。企てはことごとくが失敗してしまった。

さらに、事態は悪化する。飢餓に加えて、伝染病が発生した。

孤児たちの生命《いのち》は、今や風前の灯となった。

日本赤十字社、孤児救済に乗り出す

この絶望の淵にあって、「惻隠の心」止みがたく、救助に名乗りをあげた国が、世界にたった一国だけ存在した。わが日本である。

外務省の事務次官・埴原正直《はにはらまさなお》や武者小路公共《むしゃこうじきんとも》（実篤の実兄）らが動き、日本赤十字社が国民の支持を受け、異例の早さでシベリアの孤児救済を決定した。救援には多額の費用と手間がかかったが、人命に勝《まさ》るものはない、と当時の日本人は考えた。

このとき、独立直後のポーランドにはまだ、日本は外交官を派遣していなかった。にもかかわらず、日本人は迅速に行動した。伝染病が広がっていたからだ。

実際の救出作戦には、日本の陸軍が出動。酷寒のシベリアでの救出活動は困難を極めたが、親を亡くし、孤独に苛《さいな》まれている孤児を何としても助けだそう、日本へ連れていこう、と彼らは渾身の力をふりしぼった。救済決定から二週間後、五十六名の孤児第一陣が、ウラジオストックから敦賀《つるが》（現・福井県敦賀市）を経て、東京へ運ばれてきた。渋谷の宿舎に迎え入れられ、その後、五度に及んだ第一次の救出作戦は、全部で三百七十五名の孤児たちを日本へ連れ出すことに成功した。

筆者はこの話をかつて、兵藤長雄《ひょうどうながお》著『善意の架け橋』で知ったのだが、元気を取り戻す孤児たちがいる一方で、腸チフスにかかった子供の看病にあたった、日本の若い看護師・松澤フミが、自らも腸チフスに伝染し、殉職したことを知ったときは衝撃《ショック》を受けた。

第二次救出では、三百九十名のシベリアの孤児を大阪の施設へ収容している。

日本中から衣服や玩具など、金品が数多く届けられた。見舞いに来た裕福な日本人の子供の中には、孤児たちの服装をみて、自分の着てきた一張羅《いっちょうら》の衣服を脱いで、孤児に与えようとしたり、髪に結んだリボンを贈呈《プレゼント》する女の子もいたという。

日本赤十字社は、孤児の付添人として、孤児とは別に、大人のポーランド人を、孤児十人に一人の割合で六十五名も施設に招いている。

孤児たちはやがてアメリカへ、ヨーロッパへと去っていったが、彼らを乗せた客船の接岸する埠頭では、孤児たちが「アリガトウ」の言葉を連発。覚えた「君が代」の斉唱が、「うさぎと亀」の唱歌が、感謝の気持ちを表しつつ、いつまでも別れを惜しんで歌われたという。

素早かった阪神・淡路大震災の日本救援活動

それから、七十七年が経過した。

日本の阪神・淡路大震災が突然、襲って来た。平成七年（一九九五）一月十七日のことである。このおりのポーランドの日本救援活動は素早かった。彼らはかつての、シベリアの孤児たちのことを、決して忘れてはいなかったのである。

「ポーランド国民もまた、高尚な国民であるが故《ゆえ》に、我々はいつまでも恩を忘れない国民であることを日本人に告げたい」

彼らは、深い敬愛の情をもって、救援活動に親身になって赴《おもむ》いてくれた。

また、日本の被災者をポーランドのワルシャワに招待してくれた人々もいた。三十名ほどの、日本の小中学生を迎えてくれたのは、老体に鞭《むち》打つように、ワルシャワまでバラの花を一輪ずつ贈るために駆けつけてくれた、かつてのシベリアの孤児たちであった（『学習まんが　歴史で感動！　ポーランド孤児を救った日本赤十字社』参照）。

——人間、いついかなる時でも、「惻隠の心」だけは忘れたくないものである。

【著者紹介】

加来 耕三（かく・こうぞう）

1958年（昭和33）生まれ。

1981年（昭和56）、奈良大学文学部史学科卒業。

現在、大学・企業の講師をつとめながら、歴史家・作家として独自の史観にもとづく著作活動をおこなっている。内外情勢調査会講師。中小企業大学校講師。政経懇話会講師。

主要著書に、『家康の天下取り　関ヶ原、勝敗を分けたもの』（つちや書店）、『日本史を変えた偉人たちが教える　3秒で相手を動かす技術』（PHP研究所）など多数。

現在、BS11「偉人・素顔の履歴書」（毎週土曜夜８時）、BS - TBS「関口宏の一番新しい中世史」（毎週土曜昼12時）に出演中。

装丁：山添創平

偉人《いじん》たちの決断《けつだん》
新《あら》たなる道《みち》を切《き》り拓《ひら》いた
有名《ゆうめい》・無名《むめい》28人《にん》のものがたり

二〇二三年二月一〇日　初版初刷発行

著　者　加来耕三
発行者　伊藤光祥
発行所　戎光祥出版株式会社
東京都千代田区麹町一－七
相互半蔵門ビル八階
電　話　〇三－五二七五－三三六一㈹
ＦＡＸ　〇三－五二七五－三三六五
印刷・製本　モリモト印刷株式会社

https://www.ebisukosyo.co.jp
info@ebisukosyo.co.jp

ISBN978-4-86403-468-5